Wilhelm Froehner

Die griechischen Vasen und Terracotten

der grossherzoglichen Kunsthalle zu Karlsruhe

Wilhelm Froehner

Die griechischen Vasen und Terracotten
der grossherzoglichen Kunsthalle zu Karlsruhe

ISBN/EAN: 9783743377592

Hergestellt in Europa, USA, Kanada, Australien, Japan

Cover: Foto ©Thomas Meinert / pixelio.de

Manufactured and distributed by brebook publishing software (www.brebook.com)

Wilhelm Froehner

Die griechischen Vasen und Terracotten

Die griechischen

Vasen und Terracotten

der

Grossherzoglichen Kunsthalle

zu Karlsruhe.

Beschrieben

von

Dr. Wilhelm Fröhner.

Mit einer lithographirten Inschriftentafel.

Heidelberg, 1860.
Academische Verlagsbuchhandlung von J. C. B. Mohr.

DAS VERZEICHNISS DER KARLSRUHER VASEN-

und Terracottensammlung, welches man zunächst einem kunstsinnigen Auftrage Seiner Königlichen Hoheit des Grossherzogs Friedrich verdankt, wurde von mir im Winter 1859 vor den Originalen selbst, und meistens *à plusieurs reprises* niedergeschrieben. Ich bin dabei, wie ich glaube, den Grundsätzen ziemlich gefolgt, die mir der nächste Zweck des Kataloges zur Pflicht machte. Möglichste Anschaulichkeit und Kürze, selbst auf Kosten der stilistischen Form, sowie ein strenges Festhalten am Thatsächlichen schienen besser, als durch weitschweifige Excurse den Blick der Besucher zu verwirren, durch vorschnelles Urtheil Entfernte irre zu leiten. Wenn ich dagegen auch bei jenen Vasenbildern, die für die Wissenschaft geringeres Interesse bieten und sich (wie die Darstellungen aus dem Mysterienkultus) unzählige Male wiederholen, dieselbe Genauigkeit der Schilderung beibehielt, so liegt das wohl in dem sehr verzeihlichen Streben, den engen Kreis, dessen Beschreibung mir übertragen war, so viel es anging zu erschöpfen. Doch wurden, was Niemand tadeln wird, die kleineren Gefässe und die Fragmente in Terracotta auch äusserlich mit kleinerem Druck unterschieden; alles was sich weder durch

bildlichen Schmuck, noch durch besondere Form empfahl
(im Ganzen gegen hundert Nummern) blieb zur Seite.

Die Litteratur jedes einzelnen Gegenstandes habe ich,
soweit sie irgend auf Selbständigkeit Anspruch machen
konnte, sorgfältig verzeichnet, und ich denke nicht, dass
mir in dieser Beziehung irgend welcher Aufsatz oder selbst
kleinere Notizen von Werth sollten entgangen sein. Besonders
förderlich für meine Zwecke erwies sich jene kurze
Uebersicht, welche 1851 Eduard Gerhard in seinem
archäologischen Anzeiger (IX Sp. 25—37) von unserer
Sammlung gegeben hatte. Wo ich in wichtigeren Punkten
von seiner Erklärungsweise und so von den früheren Beschreibern
insgesammt abweiche, habe ich des Gegensatzes in
Parenthese jedesmal ausdrücklich gedacht; doch soll damit
natürlich nur gesagt sein, dass ich mir auch der Deutungen
Anderer bewusst war, aber sie Angesichts der Originale nicht
bestätigt fand. In Dingen, wo sich durch misslungene Abbildungen
Irrthum so leicht verbreitet, wäre ja jede Polemik
eine Lächerlichkeit.

Die dem Katalog beigefügte lithographirte Tafel gibt
die Inschriften, so weit sie wissenschaftlich brauchbar schienen[1]).
Auch hier that Beschränkung Noth, da ich durch
Aufnahme der sinnlosen Buchstabenreihen und gar dessen,
was sich auf Lampen und römischen Gefässen vorfand, die
Anzahl beträchtlich erweitern konnte. Dagegen bin ich in
der Benennung der Formen einfach Gerhard's Onomatologie
gefolgt, nicht als ob ich diese nach allen Seiten für sicher

---

[1]) Die Inschriften 1—4 gehören zur Vase 3; 5—14 zu Nr. 36;
15 und 16 zu Nr. 40; 17 und 18 zu Nr. 120; 19 zu Nr. 121; 20 zur
Terracotte Nr. 672.

hielte, sondern um dem kleinen Buche nicht durch weitere Tafeln beschwerlich zu fallen. Konnte je der Name noch Zweifel über die wirkliche Gestalt des Gefässes lassen, so sind die leicht erreichbaren Abbildungen zu den **antiken Bildwerken** (Berlin 1836, Taf. I) und O. Jahn's vortrefflicher Katalog der Münchener Pinakothek (1854, Taf. I, II) citiert.

Die Karlsruher Sammlung wurde ihren Hauptbestandtheilen nach auf Befehl des höchstseligen Grossherzogs Leopold im Winter 1837 auf 38 im Königreiche beider Sicilien angekauft. Aus welchen Fundorten speziell jedoch die Mehrzahl dieser frühesten Erwerbungen herrührt, konnte zu ihrem grossen Nachtheile leider nicht mehr ausgemittelt werden, da die von Urlichs (Bonner Jahrb. II 66) und Creuzer (Symbolik IV 224) noch in den Jahren 1842 und 1845 benützten schriftlichen Verzeichnisse der Galerie unterdessen verloren gingen. Die römischen Gesandtschaftsacten, deren Einsicht mir das hohe Ministerium der Auswärtigen bereitwilligst gestattete, ergaben nur soviel, dass fast jedes Dorf Apuliens, sowie die Hauptfundorte der Insel Sicilien (und wohl auch Volci) damals ihren Beitrag lieferten. Die Terracottafiguren bildeten mit wenigen Ausnahmen einst in Palermo das berühmte Cabinet des Barons Pisani[1], dessen Schätze meist aus den reichen Funden von Centu-

---

[1] Die bekannte Pisani'sche Vase aus Centorbi (musicierende Frauen auf rosenrothem Grunde), wie sie 1833 im bulletino d. inst. (p. 5—8) und 1836 von Raoul-Rochette (peinture antique p. 430 Taf. 12) beschrieben ward, findet sich in Karlsruhe nicht vor. Mir wäre lieb, wenn Jemand angeben könnte, ob sie noch in Palermo ist. Rochette erhielt einige Thonfiguren von Pisani selbst zum Geschenke (peint. ant. p. 432).

ripae (Centorbi) stammten. Eine Anzahl von 37 Thonbildern gelangte sodann aus der Sammlung des schwedischen Gesandten zu Rom, Ritters Palin, hierher (März 1853). Doch habe ich die Provenienz derselben, soweit ich sie ermitteln konnte, wie auch die Bestandtheile jener kleineren Cabinete genau angegeben, die 1856 aus Creuzers Besitz, 1858 von Galeriedirector Frommel und 1859 von Bergrath Gustav Schüler in Jena in die Karlsruher Galerie übergingen.

In Bezug auf die Anordnung des Stoffes bleibt mir nur wenig zu bemerken. Bei den Vasen überwog die Rücksicht auf die Bequemlichkeit der Besucher, so dass ich statt einer schwer durchzuführenden Ordnung nach den Darstellungen der Bilder, mich lieber ganz äusserlich an den Inhalt der Tische hielt und hier dann alles Archaische und Archaisirende voranstellte. Auch bei den Terracotten schien möglichste Uebersichtlichkeit und practische Brauchbarkeit einem Systeme vorzuziehen, das, von der Natur des Stoffes abhängig, nothwendig in allen Theilen lückenhaft bleiben musste. Viel interessanter schien hier die Aufzählung derselben nach den verschiedenen Entwicklungsstufen des alterthümlichen Kunststils, die freilich zunächst einmal räumlich hätten dargestellt werden mögen, um den ausserordentlichen Ueberblick zu zeigen, den diese dem Material nach unscheinbaren Gegenstände über den ganzen Gang der Kunstgeschichte gewähren können. Wird eine solche Vertheilung des Vorraths manchem unbequem, so sollen die Register jeder billigen Anforderung nachträglich Genüge leisten. Dagegen erwies sich eine Concordanz der Galerienummern mit meinem Katalog, so nützlich diese an sich wäre, als unausführbar.

Ferner habe ich, auf besonderen Wunsch, für Solche denen das Buch zum belehrenden Führer in der Kunsthalle dienen soll, ein eigenes Onomasticon sämmtlicher darin vorkommenden archäologischen Fremdwörter beigegeben. Dass dieses nicht für Gelehrte bestimmt sein kann, braucht meine Versicherung nicht; ebenso wird hoffentlich keinen Anstoss erregen, wenn darin manches Unsichere mit derselben Gewissheit ausgesprochen ist, wie das, woran Niemand mehr zweifelt. Eine Wissenschaft, die sich hierdurch irre führen liesse, möchte immerhin gleiten und niederfallen.

So hätte ich denn auf die wesentlichsten Punkte, die vor dem Gebrauch des Kataloges etwa einer Erläuterung bedurften, nach besten Kräften aufmerksam gemacht. Betrachte ich den hier dargebotenen Stoff noch einmal nach Zahl Kunstwerth Alterthümlichkeit und gar dem grösseren oder geringeren Grade, in welchem er bis jetzt für archäologische Zwecke nutzbar war, so wird der Arbeit ihres Beschreibers ein gewisses Verdienst kaum entgehen. Vielleicht wird übel empfunden, dass in der Exegese nicht mehr Vermuthungen gewagt, im ganzen das Bedürfniss des mit der Archäologie Unvertrauten nicht mehr berücksichtigt wurde. Beides geschah mit Absicht, da es keineswegs die Aufgabe eines Katalogs sein kann, durch Anschwemmung der bezüglichen mythologischen und antiquarischen Notizen den Forderungen jedes Einzelnen nachzugehen. Ebenso habe ich mich der Conjectur freiwillig entäussert und lieber auf jeder Seite die schöne Kunst des Nichtwissens geübt, als mit wohlfeilem Prunk gleich ins Unsichere auszuschweifen. Die grössere Ausbeute muss desshalb einem

Künftigen aufbehalten bleiben, der die Publikation der Karlsruher Schätze auch durch Abbildungen und nach festem, wissenschaftlichem Plane unternehmen wird.

Ich kann die Feder nicht aus der Hand legen, ehe ich der Freunde in Heidelberg Göttingen Berlin gedacht, die mir auch bei dieser Arbeit ihr Interesse nicht vorenthielten, manche Frage beantworteten, manches in Karlsruhe unerreichbare Buch für mich nachschlugen. Doch begehren sie alle weiter keines Danks, als dass mir ihre Bemühung wohl möchte zu Statten gekommen sein. Sehen sie selber nach, wie viel dies der Fall war, wenn gleich in der Frage nach den historischen Materialien meinem Eifer der Erfolg nicht entsprach. Auch diejenigen, welche seit Jahren das Verzeichniss unserer Antiken dringend und nur fast allzu stürmisch begehrten, werden ja am besten selbst sehen, ob ihren Wünschen jetzt genügt sei.

Karlsruhe am 13. September 1859.

VASEN

Kürzungen.

A Vorderseite.
B Rückseite.
I Bild im Innern der Paterae.
U Untere Fläche.
F Figur.
H Höhe ⎫
D Durchmesser ⎪
L Länge ⎬ in Centimetern ausgedrückt.
B Breite ⎪
U Umfang ⎭
m mètre.
r rechts.
l links.
Sz Schildzeichen.

Mit a und b sind die Darstellungen auf der untern Fläche der Paterae auseinandergehalten.

Die in [ ] eingeschlossenen Ziffern enthalten, soweit ich sie ermitteln konnte, die Numerirung des handschriftlichen Revisions-Catalogs.

ZWEITER CORRIDOR.

(Haupteingang rechts.)

Nr. 1—297. 302—310.

I. Oberer Tisch. Nr. 1—119.

Mitte. Nr. 1—18.

1 [16] Amphora aus GIRGENTI; schwarze Figuren auf gelbrothem Grund (mit weiss und Purpur) H 52. D 20. U 1. m. 7.
A. Der bärtige Dionysos im langen blumigen Gewande, das oben und unten mit einer breitbestickten rothen Borte verziert ist. Um das Haupt trägt er einen Epheukranz, ebenso hält er in beiden Händen Rebzweige, die sich dann über die ganze Gruppe ranken. Ihm zugekehrt steht eine langbekleidete Frau im ärmellosen breitbordirten Mantel, den sie mit einem Gürtel an der Hüfte befestigt hat; im Haar die braune Binde. Sie streckt die Hände geöffnet gegen Dionysos aus, und hält, wie er, in der R. einen Rebzweig; (ihre Arme sind aus Versehen schwarz gemalt). Auf jeder Seite befindet sich ein nackter bärtiger Satyr; der zur L. scheint mit einem braunen Kopftuch geschmückt und tanzt, während der andere nur die Arme bewegt [1]). Sämmtliche Figuren haben, wie auch die des Revers, grosse in dichten Zöpfen herabfallende Locken und langgezogene missbildete Hände.

Abgebildet bei Creuzer, Gallerie der alten Dramatiker (zur Archäologie Bd. III) Taf. 4.

---

1) Aber hierin bestand der antike Tanz vorzugsweise. Vgl. Cunningham animadversiones in R. Bentleii notas et emendat. Q. Horatii Flacci (Lond. 1721) p. XIV und Jacobs animadv. in Anthologiam graecam I 309.

B. Ein bärtiger Mann (Zeus vor Athenens Geburt) mit langem blumigem Mantel und brauner Stirnbinde, l. den Stab mit Widderkopf haltend, die R. schmerzhaft zusammengeballt; er sitzt auf einem Klappstuhl dessen Löwenfüsse einwärts gehen. Auf beiden Seiten steht, ihm zugekehrt und die entblössten Arme zu ihm aufhaltend (die Hände offen) eine Eileithyia in demselben langen und mit gestickten Borten gesäumten Gewand, im Haar eine schmale Binde; (Gesicht, Arme und Füsse sind schwarz gemalt). Links hinter der Gruppe erblickt man den bärtigen Hermes mit Petasos und Flügelschuhen und im kurzen breitgesäumten Chiton, den er mit beiden Armen vorn zusammenhält [1]).

Abgebildet bei Creuzer, Gallerie (zur Archäologie III) Taf. 5 und hiernach bei Wieseler, Denkmäler alter Kunst II 3 Taf. 34, nr. 393.

Beschrieben von Creuzer, Gallerie S. 49—51 (zur Archäologie III 148—51. 222). Welcker, Rhein. Museum VI 631 ff. Creuzer, Heidelberger Jahrb. 1840. S. 92 ff. Urlichs, Bonn. Jahrb. II 58; IV 186. Wieseler, Denkmäler II 3 p. 14 wo er B lieber als eine Dionysosgeburt fasst. Panofka, archäolog. Zeitung 1846. S. 239. Gerhard, daselbst 1851 S. 33 (n. 2).

2 [14] Lekythos aus GIRGENTI mit schwarzen Figuren auf rothem Grund. H 22. U 31, 5.

In der Mitte das Standbild der Pallas im langen Peplos, das Gesicht nach der R. gewandt, in welcher sie eine Lanze hält, die Linke erhoben, auf dem Haupt den Petasos mit breiter Krämpe. Vor ihr befindet sich, die Füsse des Palladiums verdeckend, eine niedrige Basis, und auf jeder Seite in gebückter Stellung ein bärtiger Krieger [Achilleus und Aias] im vollen Waffenschmuck, mit Mantel, hohem buschigen Helm, Beinschienen und einer Lanze in der Linken. Die R. halten sie beide über die Basis, worauf mehrere runde Astragalen liegen, der eine um gerade den Zug zu thun [2]). Hinter ihnen stehn die Schilde; doch ist der zur

---

1) Zur Vergleichung s. Gerhard auserlesene Vasenbilder I. Taf. 2—4. Urlichs im Bullet. d. inst. 1839. S. 70. 73. O. Jahn, Vasen der Münchener Pinakothek n. 101.
2) Welcker, Rhein. Museum III. (1835) S. 600—604 und Alte Denkmäler III. S. 8—24 wozu noch eine Münchener (Jahn, nr. 375) und die Bullettino 1850, S. 162 angeführte

R. zu sehr verwischt, auf dem andern erscheint eine bärtige Satyrmaske in Hautrelief ausgeschnitzt.
Die Zeichnung stark beschädigt.

Gerhard, arch. Anzeiger 1851. S. 33 (nr. 5).

3 [19] **Krater** aus GIRGENTI, rothe Figuren auf schwarzem Grunde (mit weiss und blau); früher im Besitz des Sign. Romili in Girgenti [1]). H 42, 5. D 45. H 1 m. 10.

A. Voraus geht, die Doppelflöte blasend, ein nackter zottiger Satyr ($Μαρσύας$) mit langem Pferdeschweif und weissem Haar und Bart. Ihm zunächst ein kleiner, gleichfalls nackter Satyrisk ($Πόσθων$), Binde und Reblaub im Haar, die R. hinter sich streckend, während er auf der l. Schulter eine brennende Fackel trägt. Eine Bakchantin ($Μαινάς$) im langen ärmellosen Faltenchiton, mit Ohrperlen geschmückt, in den Haaren Binde und Epheukranz, folgt auf diesen, l. den Thyrsos, r. einen Kantharos am Henkel haltend. Die Reihe beschliesst sodann ein bärtiger langgeschwänzter Satyr ($Σωτέλης$), den Kopf zurückgebogen und ein breites Band um die Schläfe; r. trägt er den epheubekränzten Thyrsos, l. den Weinkrug.

Die Inschriften sind eingekratzt.

Abgebildet bei Creuzer, Gallerie (zur Archäologie III) Taf. 2.

B. Ein bärtiger Mann [2]) im langen Chiton und Mantel, der unten mit Quasten verbrämt ist, hält r. ein Scepter, während er die L. in die Hüfte stützt. Auf jeder Seite ist eine langbekleidete Frau sichtbar, die, den Kopf ihm zugewandt, mit ausgebreiteten Armen erschrocken flieht. Im Haar die doppelte Sphendone, deren blaues Band auch den Krobylos zusammenhält.

---

archaische Vase in Chiusi (mit Inschriften) kommt. — Verwandte Abbildungen u. a. bei Gerhard, auserlesene Vasenbilder III. Taf. 195. 219. (S. 95. 134). Der Schild genau wie in Monumenti dell' inst. II tav. 22.

1) So Abeken bei Jahn, Vasenbilder p. 24 (Not. 61.).
2) Der kugelförmige Schmuck auf der Stirne, dessen Creuzer erwähnt, ist nur ein Haarbüschel, wie z. B. bei Gerhard, Auserlesene Vasenb. II Taf. 103b. 125b. 147. III 165. 174.

Abgebildet bei Creuzer, Gallerie (zur Archäologie III) Taf. 3.

Beschrieben von Creuzer, Gallerie S. 47—49 (zur Arch. III 143—48). O. Jahn, Vasenbilder S. 24 ff. Gerhard, arch. Anzeiger 1851. S. 34 (nr. 12) der B. auf Nereus und die Nereiden deutet, also die Wassergottheit dem Weingott von A entgegensetzen möchte. [Vergl. meine nr. 40]. De Witte und Lenormant, monumens céramograph. S. 116.

4 [13] **Amphora** mit Volutenhenkeln aus RUVO, 1838 in Neapel vom Obristen Cav. Lamberti gekauft; rothe Figuren auf schwarzem Grund. H (mit den Henkeln) 1 m. 19. D 53. U 1 m. 85.

A. In der Mitte ein weissgemaltes auf vier jonischen Säulen ruhendes Gebäude mit Giebelfeld, worauf eine Maske abgebildet ist [1]) und Palmettenverzierungen auf den Acroterien. Die beiden vordern Säulen sind beträchtlich kürzer, und auf jedem Kapitell ist eine sitzende Sphinx [2]) angebracht. Im Innern erscheint auf reichgeschnitztem Thronstuhl, dessen Lehne gleichfalls mit Sphinxen verziert ist, einen Schemel unter den Füssen, Persephone. Sie trägt, ausser dem ärmellosen Faltenchiton und gestickten Himation, noch Schuhe, Armspangen und eine doppelte Halsperlenschnur; auf dem Haupt, das von reichen Locken umwallt und mit Früchten besteckt ist, Kredemnon und Mauerkrone. Rechts hält sie das Scepter, die L. stützt sie auf die Lehne des Sessels. — Zu ihrer L. und ohne Zweifel mit ihr im Gespräch begriffen steht ein bärtiger Mann (Hades) im langen Chiton der die r. Schulter frei lässt, und Schnürschuhen. Er trägt im Haar einen Kranz von Blättern und Früchten, l. das bandumwundene Scepter, auf dem ein Adler angebracht ist, die R. halberhoben. — Auf der andern Seite eine Erinys im dorischen gestickten Chiton mit Jägerstiefeln, über der Brust das Pantherfell, das ein breiter, mit metallenen Knöpfen verzierter Gürtel an der Hüfte befestigt. Armspangen, Halsperlen, Ohrgehänge, Kopfbinde und ein hoher Krobylos vollenden ihren Schmuck. Wäh-

---

[1]) Ebenso bei Visconti, museo Pio-Clementino V 33.
[2]) Auf der Vase von Altamura sind es Atlanten.

rend sie in jeder Hand eine brennende Fackel hält, hat sie das Gesicht dem ausserhalb des Palastes stehenden Orpheus[1]) zugewandt, der in reicher phrygischer Kleidung mit der L. die fünfsaitige Kithar spielt, r. das Plektron hält. Er trägt den gestickten, unten mit breiten Borten besetzten Aermelchiton und einen Gürtel mit Metallknöpfen; ebenso ist die Chlamys, die ihm flatternd über den Schultern hängt, vorn am Hals mit einem metallenen Knopf befestigt. Sein Lockenhaar schmückt die spitze, mit den gewöhnlichen vier Bandstreifen versehene Tiara. Drei schmale Bänder und zwei lange gestickte Tänien flattern von der Kithar herab. — Hinter ihm, doch etwas weiter unten, befinden sich zwei Erinyen[2]), die eine geflügelt und die Füsse über einander gesetzt, im ärmellosen gestickten dorischen Chiton mit Gürtel und Kreuzbändern über der Brust[3]), hohen Jagdstiefeln, Armspangen und einem Collier von Perlen. Sie trägt ausserdem Schlangen im Haar und in der l. Hand eine, die sich um ihren Arm ringelt. Die R. legt sie auf das Knie einer ungeflügelten Erinys, die, ganz ebenso bekleidet, Schlangen im Haar und eine in der L. hat, während sie die R. hinten auf das Pantherfell stützt auf dem sie ruht. — Zwischen den Flügeln der ersteren hängt ein Kranz.

Rechts vom Palast steht, dem Sänger zugekehrt und einen Kranz von Aehren (nicht von Schilfrohr) im Haar, ein Jüngling[4]) mit Schnürstiefeln, sonst nackt bis auf die Chlamys die ihm über die Schulter hängt. Die L. stützt er auf einen langen Stab, während er den r. Arm aufmerksam lauschend in die Höhe streckt. Hinter ihm sind zwei Frauen im langen ärmellosen Chiton, mit Krobylos, Kopftuch, juwelenbesetztem Stirnband, Armspangen, Perlencollier und weiss und gelben Schuhen.

---

1) Vgl. die ganz ähnliche Figur bei Millingen, peintures antiques de vases grecs, pl. 29.
2) Auf der Vase von Altamura heissen sie $ΠΟΙΝΑΙ$.
3) Ebenso bei Millin, monumens ant. inédits I 29. Galerie mythol. Taf. 171 (nr. 623).
4) E. Braun nennt ihn $Προμέδων$ nach dem Polygnotischen Bilde in Delphi (Pausanias X 30, 7).

Die zur R. (eine Danaide), der Gestalt nach die grössere, hält l. eine Urne, die R. hebt sie auf, als ob sie einem Störenden Schweigen gebieten wollte, die andre dagegen stützt die L. in ihre Hüfte, die R. legt sie vertraulich auf die Schulter der Freundin.

Oberhalb dieser Gruppen, die wir uns in der Acropolis des Hades befindlich denken müssen, erscheint zur Linken (am wahrscheinlichsten in der Oberwelt) eine sitzende Frau im langen Aermelchiton mit Kredemnon, Halsperlen, doppelten Armspangen, an der R. einem Goldring am vierten Finger der l. Hand [1]) und weiss und gelben Schuhen. Die R. streckt sie gegen einen Epheben aus, der nackt bis auf die shawlartige Chlamys, neben ihr steht und im Haar Spuren eines goldnen Schmuckes trägt. Er hat die L. auf das Knie der Matrone gelegt, die R. auf die Schulter eines andern Epheben, der gleichfalls nackt, auf seiner Chlamys daneben sitzt, den Kopf nach der Frau gekehrt und die L. auf sein Lager stützend, während er r. eine lange Aehre (kein Schilfrohr) hält [2]).

Auf der andern Seite, rechts vom Palaste, sitzt ein nackter Jüngling auf einem Felsen, über den er den Mantel gebreitet hat und auf welchen er sich mit der L. stützt, rechts hält er zwei Wurfspiesse. Hinter ihm steht ihm zugekehrt ein zweiter nackter Jüngling mit Chlamys und Jagdstiefeln; den r. Fuss sowie die Keule, welche daran gelehnt ist und die er mit der L. zu halten scheint, hat dieser auf einen Stein gestellt, dagegen hält er den r. Arm bedeutsam ausgestreckt [3]).

Der untere Fries der Vase stellt die Todtenstadt vor, l. zuerst Sisyphos der, nackt und bartlos, die Chlamys über den l. Arm geschlagen, mit aller Kraftanstrengung einen Felsblock bergaufwärts rollt. Ueber der r. Schulter trägt er Schwert und Wehrgehenk. Es folgt Hermes, gleichfalls nackt und die Chlamys über dem l. Arm, in

---

[1]) Der Ring wurde im Alterthum gewöhnlich links getragen. Vergl. O. Jahn in Gerhards Denkmälern und Forschungen 1850. p. 206.

[2]) Die Vase von Altamura nennt diese Gruppe ΜΕΓΑΡΑ und ΗΕΡΑΚΛΕΙΔΑΙ.

[3]) Man dachte an Theseus und Peirithoos, doch ohne Noth.

dem er das Kerykeion trägt, mit hohen Jägerstiefeln und
dem Petasos, der an einer Schnur auf seinem Nacken
hängt. Er ist schwebend dargestellt, im Haar einen
Olivenkranz; aber während seine R. auf Sisyphos deutet, von dem ihn nur ein blühender Baum trennt, wendet er sich mit dem Gesicht rückwärts gegen den nackten bartlosen Herakles, der in der Mitte des Bildes
auf einem kleinen Hügel steht und den Kerberos gewaltsam an der Kette hält. Ein Band über der Schulter trägt den Bogen, r. hat er ausserdem die Keule.
Kerberos selbst ist mit drei Hundsköpfen abgebildet,
deren einer wüthend nach Herakles umschaut, sodann
mit Schlangenschwanz und Leib und Tatzen eines Löwen;
seine drei Halsbänder sind mit metallenen Knöpfen verziert.
Daneben steht der Gruppe zugekehrt eine Frau [Hekate] im dorischen Chiton, der über beide Arme flattert, und Jägerstiefeln, auf der Brust ein Thierfell, das
der Gürtel an der Hüfte festhält. Ausserdem trägt sie
den üblichen Krobylos, die perlbesetzte Halsbinde, Ohrperlen, goldne Armspangen und Collier. Links hält sie zwei
Lanzen, r. eine brennende Fackel, von deren oberem Ende
eine Geissel (keine Epheuguirlande) mit Kugelschnur und
Quaste herabflattert. Hinter ihr und die entblösste R.
mit einer Gebärde des Schreckens emporhaltend, l. ein
Thierfell, steht eine langbekleidete Frau. Perlenbinde
im Haar, Armspangen, und Perlen an Hals und Ohren
sind ihr Schmuck. Daneben hängt eine Binde. — Am
Boden des unteren Frieses wächst eine Menge kleiner
blühender Pflanzen.

Am Hals der Vase ist Helios als Jüngling auf
seiner Quadriga dargestellt, nur unterwärts von dem
durchsichtigen Chiton bekleidet, der die Umrisse des
Körpers deutlich hervortreten lässt und den ein Gürtel
hier zusammenfasst. Er hat einen Strahlennimbus um
das Haupt, als Schmuck ein doppeltes Collier von Perlen; in beiden Händen hält er die Zügel, r. noch eine
lange Gerte. Die Pferde, abwechselnd weiss und roth
gemalt, sind in vollem Lauf. — Zur Seite Blumengesträuch.

Abgebildet in Monumenti inediti dell' instituto II Taf. 49. und (Hals und Fuss) Annali vol. IX Taf. H. Gerhard archäol. Zeitung 1843, Taf. 11. Creuzer, zur Archäologie III Taf. 10.

B. In der Mitte des Tableaus, das einen Berg darstellt, Bellerophon auf sprengendem Flügelross [1]), nackt bis auf die hohen Jagdstiefeln und die Chlamys, welche ihm über den Schultern flattert und vorn am Hals mit einem Knopfe zusammengehalten ist. Sein Ross trägt einen kleinen Busch als Stirnschmuck, er selbst den flachen mit Metallknopf verzierten Petasos. Während er mit der R. den Wurfspeer gegen die Chimaira schleudern will, schwebt eine langbekleidete geflügelte Frau (Nike) auf ihn zu, (mit Krobylos, goldgezackter Stirnbinde, Hals- und Ohrperlen) l. einen blühenden Palmzweig, r. ihm den Eppichkranz reichend. Im Feld vor ihr eine Blume. —

Unmittelbar unter dem Helden, gegen den sie Feuer speit, erblickt man die Chimaira mit Löwen- und Ziegenkopf und langem Schwanz, der in den Kopf einer Schlange endigt. Sie steht auf einem Felsen der mit Gesträuch, Gras und Schlingpflanzen bewachsen ist, vor ihr ein Ziehbrunnen (mit Giebeldach und Ornamenten auf den Acroterien) hinter dem zwei Amazonen in phrygischer Tracht eilends entfliehen. Die eine im gestreiften Aermelchiton nebst Gürtel, Schnürstiefeln, der weissgetüpfelten Tiara und Mantel, l. zwei kurze Jagdspeere, r. das Stirnband ihrer Haube berührend, hat den Blick hoffend nach Bellerophon gerichtet. Die andre, etwas weiter unten, in derselben Gewandung (ohne Mantel) zu der aber noch Schuhe und enganliegende gestreifte Beinkleider kommen, streckt beide Arme aus. Hinter dem Ungeheuer hat sich eine Amazone auf ihren Mantel gesetzt, den Köcher auf dem Rücken, l. den Bogen und drei Pfeile, während sie mit der R. eben den vierten auf die Chimaira abschiesst. Ihr zunächst wieder eine fliehende Amazone, r. den Jagdspiess, den Köcher auf dem Rücken und über die erhobene L. den Mantel ge-

1) Dieselbe Vorstellung auf dem Mosaik von Autun.

schlagen. Zwei andere kommen den Berg herab; die vorderste trägt in jeder Hand einen kurzen Speer und holt eben zum Wurf aus; die andre schnellt den Pfeil ab, während sie noch zwei Geschosse in Bereitschaft hält. Beide tragen Köcher und Mantel.

In der obern Reihe sitzt l. von Bellerophon auf einem Felsen, der unten mit Blumen bewachsen ist, der bärtige Poseidon, einen Epheukranz in den Haaren und der l. Hand, r. den Dreizack, den Oberleib entblösst, das Gesicht dem Helden zugekehrt. Neben ihm lehnt sich eine langbekleidete Frau (mit Krobylos, Kopftuch, Ohr- und Halsperlen und Armspangen), an eine Herme [1] vor welcher Blumen wachsen. Rechts hält sie einen Kranz mit Schleifen, die L. hat sie in den Mantel eingehüllt. Ueber dem Brunnen sitzt im Schuppenpanzer und langem Aermelchiton mit Armspangen Athene [2], auf dem Haupt Kopftuch und goldgezacktes Diadem, r. eine Lanze, l. den runden Schild, der am Rand mit Nägeln beschlagen ist. Neben ihr stützt der nackte bartlose Pan (mit kleinen Hörnern und Ziegenschwanz) die L. in die Hüfte, die R. mit der Syrinx auf einen Felsen. Hermes mit Flügelstiefeln und dem Petasos auf dem Rücken sitzt nackt auf seiner Chlamys über ihm. Bellerophon zugewandt trägt er einen Kranz im Haar und hält mit der L. das Kerykeion, während er die R. auf seinen Sitz lehnt.

Am Hals: Ein geschmückter Frauenkopf auf Blumenkelchen.

Oberer Kranz: Blühende Epheuguirlande.

Die kleineren Seitenhenkel sind Schwanenköpfe mit schwarz und weissem Hals und rothem Schnabel.

Am Fuss: Panther und Greif, darauf ein zweiter Greif und eine Sphinx, beide sich zugekehrt; zur R. ein Eber in eiligem Lauf.

---

[1] Die Herme auch auf der Vase Blacas (arch. Zeitung 1843. Taf. 14).
[2] Auch auf der Dariusvase unterstützen Poseidon und Pallas den kämpfenden Bellerophon.

Abgebildet in den Monumenti dell' instituto II Taf. 56.
Beschrieben von E. Braun, annali dell' inst. IX (Roma
1837). S. 219—52. Creuzer, Gallerie S. 124 ff. (zur Archäol. III S. 212—18. 221). Welcker, archäol. Zeitung 1843.
S. 177—190 (alte Denkmäler III S. 105 ff.). Gerhard,
ebendas. S. 193—202 und 225—27. Zur Vergleichung dient
besonders eine Lipona'sche Vase aus Canosa (jetzt in München, O Jahn nr. 849) und die von Altamura (Minervini im Bulletino rom. 1851. S. 38).

5 [15] Vaso a tromba aus RUVO, rothe Figuren auf schwarzem Grunde (mit weiss und gelb). H 91. D 24. U 1 m. 18.

A. Ein Heroon von zwei jonischen Säulen getragen; als
Dach fünf übereinander liegende Balken die sich giebelartig
abstufen und oben mit einer Lepaste (patera con maniche) schliessen. Auf einem Lehnstuhl im Innern sitzt
zur L. ein bärtiger Greis (statt des Incarnats weisse
Farbe) im langen Gewand mit Kredemnon, Brust und
Arm entblösst. Links hält er einen Knotenstock, während er die R. einem nackten Jüngling (mit Schnürstiefeln und der Chlamys über der Schulter) reicht, der
l. einen Speer hält. Ueber dem Sitzenden hängt ein
Kranz von Reblaub; zwischen beiden das Wehrgehenk
und die phrygische Mütze. — Ausserhalb des Heroons
steht auf der einen Seite ein nackter Jüngling mit breit-
gesäumter Chlamys, r. eine Binde, l. eine gerippte Phiale
mit Früchten[1]), die er als Opfer zum Grabmal bringt.
Ueber ihm sitzt, auf den Tempel zuschauend, eine Frau
im langen Faltenchiton und reichbordirtem ärmellosem
Mantel (mit Kopfschmuck, Hals- und Ohrperlen, Armspangen und gestickten Schuhen), in der L. ein offenes
Kästchen, in der andern Hand einen Kranz. Im Feld
Blüthenzweig, Kranz von Weinlaub, Blumen, Fächer,
Schale und Fläschchen. — Rechts vom Heroon und ihm
zugekehrt sitzt eine Frau mit demselben Gewand und
Kopfputz, r. einen Kranz, l. einen Spiegel haltend. Ueber
ihr, an seinen Stab gelehnt, ein nackter Ephebe mit Chlamys, der r. einen Kranz in die Höhe streckt, l. eine

---

[1]) In diesen dem Todtenkultus angehörigen Darstellungen werden (wie ich bemerke) Kränze und blühende Zweige fast immer in der rechten, dagegen Fruchtkästchen und Schalen links getragen. Vielleicht ist das nicht zufällig.

gefüllte Phiale trägt. Im Feld Spiegel, Schalen und Kranz von Weinlaub.

Untere Verzierung: Trauben und Reblaub.

B. Auf einem mit Arabesken und blühenden Zweigen geschmückten Piedestal steht eine hohe Stele mit Schale, an deren Henkeln Tänien flattern. Von der linken Seite eilt ein Jüngling herbei, nackt bis auf die Chlamys, die Fruchtschale und einen Kranz in den Händen. Ueber ihm sitzt eine Frau im langen ärmellosen Faltenchiton und mit dem üblichen Schmuck an Kopf, Hals und Armen, die Schuhe mit metallenen Knöpfen verziert. Rechts hält sie einen Kranz, l. eine volle Phiale. Im Feld Binde, Blumen, Kranz, Zweig und blühende Pflanzen. — Von der andern Seite der Säule kommt eine langbekleidete Frau in derselben Gewandung, mit Ohrperlen und goldgezackter Stephane, r. einen blühenden Zweig, l. den Fruchtkorb tragend. Ueber ihr sitzt ein nackter Jüngling auf einer Kline, über welche er die Chlamys gebreitet hat; das Haar bekränzt, in den Händen Kranz und gefüllte Phiale. Im Feld Blume, blühende Zweige und Fläschchen.

Um die Henkel Palmetten.

Gerhard, arch. Anzeiger 1851. S. 35 (nr. 22).

6 [56] Hydria, rothe Fig. auf schwarzem Grunde (mit weiss und gelb). H 47. D 17. U 98.

In der Mitte steht ein weiss und roth gemaltes Heroon mit leerem Aetoma, Palmetten auf den Acroterien und einfachen Säulen, deren Kapitell nur durch übereinandergelegte Platten gebildet ist. Im Innern steht eine Frau ohne Kopfschmuck im langen ärmellosen Chiton (weiss mit gelben Streifen), r. einen langen Zweig gesenkt tragend, l. Fruchtkästchen mit Binde. Ausserhalb steht zur L. eine langbekleidete lockige Frau mit Sandalen, als Kopfschmuck die goldgezackte Stirnbinde und Halsperlen; l. hält auch sie eine lange gestickte Binde, während sie mit der R. etwas aus einem Kästchen nimmt, dessen Deckel halbaufgeschlagen ist und worauf sie den Blick richtet. Rechts eine Frau in

derselben Bekleidung, jedoch mit Armspangen; sie schaut im Fliehen auf den Tempel zurück; r. trägt sie einen Kranz mit Früchten, l. das Kästchen mit halboffnem Deckel. — Im Feld Kästchen, Traube und Tänie mit Franzen.
Um die Henkel Palmetten und Blätterwerk.
Gerhard, arch. Anzeiger 1851. S. 36 (nr. 24).

7 [12] **Amphora** mit Räderhenkeln (a girelle) aus BASILICATA, rothe Fig. auf schwarzem Grunde (mit weiss). H 68 (mit den Henkeln 85). D 29. U 1 m. 26.

A. Eine Frau (die bewaffnete **Aphrodite**) im langen, breitgesäumten Faltenchiton, beschuht, mit doppelten Armspangen, Perlencollier, hoher gezackter Stephane und einem Krobylos mit fliegendem Band, l. den Speer, r. den Helm mit langem Busch haltend, sitzt auf einer Kline. Ihr gegenüber steht ein Ephebe, nackt bis auf die Chlamys, in Sandalen, l. einen Spiegel, r. den Schild (S z. Rosette). Ueber ihm hängt eine **Tänie**, während über der Göttin ein nackter Flügelknabe (**Eros**) mit dem gleichen weiblichen Kopfschmuck, Hals- und Ohrperlen, doppelten Armspangen und einer Perlenschnur über der Brust, r. den Kantharos, l. einen Kranz mit fliegenden Bändern haltend, auf ihn zuschwebt. Hinter Aphrodite steht ein weissblühender Zweig.

B. Dieselbe Frau (**Aphrodite**) auf einer Kline sitzend (Steine als Scabellum), mit Haube, gestickten Schuhen, langem ärmellosem Chiton und Mantel, doppelten Armspangen, Ohrperlen und Collier, in der L. eine Lanze, während sie mit der R. einen nackten (aber beschuhten) Flügelknaben, der rücklings auf sie zuschwebt und eine Stephane in beiden Händen trägt, am Kopf zu sich herunterzieht. Ein zweiter Erote (mit Arm- und Knöchelspangen und einer Perlenschnur um Hals und Brust) kniet ihr auf dem Schooss und sucht mit beiden Händchen ihren Arm vom Kopf des schwebenden Flügelknaben wegzureissen. Hinter ihr steht, das Gesicht nach der Gruppe gewandt, ein dritter in demselben Schmuck, doch mit einer Tänie. Oben hängt eine Binde mit Knöpfen und Quasten an beiden Enden.

Um die Henkel und auf deren Knöpfen Blumen und Palmetten.

Rohe Zeichnung.

B abgebildet (in sehr verkleinertem Massstab) bei Gargiulo, cenni sulla maniera di rinvenire i vasi fittili Italo-Greci. Napoli 1831. tav. IX und hiernach in Creuzer, Symbolik (3. Ausg.) IV 1, Taf. XI n. 41.

Creuzer, Symb. IV. S. 224. und Gallerie p. 103 (Anmerk. 141). Gerhard, arch. Anzeiger 1851. S. 35 (n. 21). Zur Vergleichung Jahn, Münchener Vasen 805.

8 [17] Kelebe (vaso a colonnette) aus APULIEN, rothe Fig. auf schwarzem Grunde. H 45. D 32. U 90.

  A. (Abschied des Kriegers). In der Mitte ein nackter Mann auf einem Sitz, über dem die Chlamys hängt, l. die phrygische Mütze, r. eine Lanze, die er auf den Boden stützt. Vor ihm steht ein gleichfalls unbekleideter Jüngling, der die Chlamys mit dem l. Arm hinter sich hält, r. einen Stab trägt und den r. Fuss auf einen Stein gestellt hat. Zwischen beiden hängt ein runder Schild (S z. Rosette) an der Wand, der aber nur zur Hälfte sichtbar ist. Hinter dem Sitzenden eine Frau im langen ärmellosen Gewand mit Krobylos, Ohr- und Halsperlen und Armspangen; l. hält sie eine gerippte Schale, in der andern Hand den Kantharos.

  B. Drei langbekleidete Palästriten, von denen der zweite und dritte sich zugekehrt sind. Der in der Mitte hält eine Strigilis, die beiden andern einen Stab.

  Oberer Kranz: Blühende Epheuguirlande.

  Gerhard, arch. Anzeiger 1851. S. 36 (nr. 27).

9 [79] Oxybaphon, rothe F. auf schwarzem Grunde. H 37. D 40. U 89.

  A. Ein nackter lockiger Jüngling, mit der R. die Chlamys haltend, welche rückwärts über beide Arme geschlungen ist, während er l. einen hohen Thyrsos hat. Auf ihn zu schwebt im langen Chiton die geflügelte Nike, l. eine Schale, r. ihm den Kranz reichend. Hinter ihr eine kleine Ara mit Basis, in der Mitte eine Pflanze.

B. Zwischen zwei Mantelfiguren (die eine der Pädagog mit Stab) hängt oben eine Festbinde. Im Feld eine Blume. — Um die Henkel Palmetten.

Gerhard, arch. Anzeiger 1851. S. 36 (nr. 28).

10 [18] Pelike aus NOLA; rothe F. auf schwarzem Grunde. H 22. D 10,5. U 50.

A. Eine Frau mit langem Chiton, Mantel und Haube bekleidet, l. die Spindel, r. eine Blume. Ihr zugekehrt ein Jüngling (kein Mädchen), von der Hüfte an mit dem Faltenchiton bedeckt, in der L. einen Henkelkorb mit drei Füssen tragend, die R. erhoben. Zwischen beiden eine Amphora und eine zweizeilige sinnlose Inschrift, z. B. $\alpha\pi\chi\pi\varrho$.

B. Langbekleidete Frau mit Haube; sie schaut im Gehen nach rückwärts und hält in der ausgestreckten R. eine Tänie.

Gerhard, arch. Anzeiger 1851. S. 36 (nr. 30).

11 [22] Patera con maniche aus RUVO; rothe Fig. auf schwarzem Grunde. H 7. D. 21.

I. Langbekleidete Frau (Thetis) mit spitzem Krobylos, Kopfbinde und Perlenband im Haar nebst Ohrgehänge und Halsperlen. Mit der R. hält sie sich an einem Delphin, l. hat sie ein Schwert in reichverzierter weisser Scheide. Im Feld eine Pilgermuschel.

Kranz von blühendem Epheu.

U. Zwischen Palmetten zwei geschmückte Frauenköpfe.

12 [77] Olpe (Gerhard, antike Bildwerke Fig. 35) mit rother Zeichnung auf schwarzem Grund. H (sammt Henkel) 31. U 36.

A. Lockiger reichgeschmückter Frauenkopf.

B. Auge und Palmetten.

13 [76] Patera senza maniche. Rothe F. auf schwarz. H 6. D 27.

I. Roher Frauenkopf mit verzierter Kopfbinde.

14 [1024] Lekythos, mit rothen F. auf schwarzem Grunde. H 9,5. U 12.

Vogel.

15 [1065] Kleine Amphora, rothe Fig. auf schwarz. H 15. D 9.

Zwei Frauenköpfe mit Haarschmuck (von roher Technik).

Nur durch die Form sind bemerkenswerth:

16 [1066] Kleine **Amphora** mit cannellirter Wölbung. H 17. U 29.
17 [1033] **Aryballos** mit abgeflachtem Boden und von weissen Streifen carriert. H 7. U 25.
18 [1073] Roher schwarzer **Guttus**, oben durchlöchert (Mündung und Henkel fehlen). H 4. U 23.

II. Oberer Tisch.

Mitte. Am Boden. Nr. 19—24.

19 [150] **Oxybaphon**, roth weiss und gelbe Farbe auf schwarzem Grund. H 28, 5. D 32. U der campana 72.
    Traubenguirlande, Blumenkelche und Rispen.
    Als Henkel Löwenmasken.
20 [149] **Oinochoe**, roth weiss und gelb auf schwarzem Grunde. H 21. U 42.
    Guirlande weisser und rother Trauben; auf beiden Seiten gestickte Tänien.
21 [148] **Oinochoe**, weiss und gelb auf schwarzem Grunde. H 19. U 33.
    Trauben und Blumenrispen.
22 [146] Grosse **Oinochoe** mit cannelliertem Bauch, nur durch die Form merkwürdig. H 42. U 53, 5.
    Am Hals eingeritzte Linien, am Henkel zwei Masken.
23 [151] Dieselbe wie nr. 22, doch ohne Masken. H 28. U 40, 5.
24 [147] **Oinochoe** von schweren und plumpen Formen; die Verzierungen eingeritzt. H 25. U 54.

III. Oberer Tisch.

Links. Nr. 25—54.

25 [6] **Amphora**, schwarze Figuren auf rothem Grunde (mit weiss und violett). H 32. D 16. U 72.
    A. In der Mitte steht **Apollon**, unbärtig und in langem Mantel. Mit der Linken spielt er die fünfsaitige Kithar,

r. hat er das Plektron. Neben ihm das Reh, dem eine Frau [Artemis] mit langen Locken, im enganliegenden gestreiften Aermelchiton, die R. hinstreckt, während sie die L. in die Hüfte stemmt und dem Spielenden zuzuhören scheint. Hinter Apollon steht gleichfalls eine Frau [Leto] mit langen Locken und einem Mantel, der die Arme verbirgt und dessen eines Ende sie mit der L. emporhebt. (Ihr Gesicht, sowie Füsse und der r. Vorderarm der Artemis sind aus Versehen schwarz gemalt, nur wurde auf letzterem später etwas weisse Farbe aufgetragen.) Zwischen den Figuren die auf archaischen Vasenbildern gewöhnlichen Rebzweige.

B. (Stark beschädigt). Ein Krieger mit Helm und Beinschienen, in der L. zwei Lanzen haltend, geht neben zwei Pferden her. Hinter der Gruppe steht ein bärtiger Mann im langen Mantel und streckt die L. verwundert oder grüssend in die Höhe, während er r. eine Gerte hält. Eine Mantelfigur empfängt die Heimkehrenden.

Um die Henkel Palmetten.

Gerhard, arch. Anzeiger 1851. S. 33 (nr. 3.).

26 [65; im gedruckten Catalog nr. 6] Amphora aus GIRGENTI mit schwarzen Figuren auf rothem Grunde. H 35. U 69, 5.

A. Der bärtige, bekränzte Dionysos im langen Mantel, den er mit der R. hält, l. den Kantharos. Hinter ihm Apollon bartlos, die Leier in beiden Händen, über der l. Schulter den Chiton, im Haar eine Binde. Vor Dionysos und ihm zugekehrt steht eine behelmte Frau (Athene), im langen enganliegenden Chiton, r. die Lanze, l. den runden Schild (Sz. Trinkhorn). Dahinter der bärtige Hermes mit Petasos, Flügelschuhen, kurzem Mantel, l. den Reisestab, während er die R. aufhebt und sich im Fortgehen nach der Gruppe umsieht. Um alle Personen schlingen sich nach archaischer Sitte Rebzweige.

B. Herakles, die Löwenhaut über dem Kopf, mit Wehrgehenk und offnem Köcher, um die Lenden einen Gürtel, durchstösst mit dem Schwert eine Amazone, deren Lanze er mit der L. auf die Seite drückt. Dieselbe trägt den kurzen Waffenrock und einen Helm mit hohem Busch, l. den Schild, r. den erhobenen Speer. Sie ist schon ins Knie gesunken und kehrt den Kopf (Gesicht schwarz gemalt) nach dem Sieger um. R. und l. von der Gruppe eine Amazone mit Helm, Wehrgehenk und kurzem, ärmellosem Waffenrock, in der einen Hand den Schild, r. die geschwungene Lanze.

Gerhard, arch. Anzeiger 1851. S. 33 (nr. 4).
Zur Vergleichung (für A) Jahn, Münchener Vasen 47. 112. 784; (für B) daselbst 425. 606.

27 [8] Lekythos aus SYRACUS, mit schwarzen Figuren auf rothem Grunde. H 22. U 24.

Eine hohe Frauengestalt (Ismene) mit Kredemnon, Aermelchiton, Ueberwurf und gezacktem Schurz der an der Hüfte mit einem rothen Gürtel festgeschnürt ist, kommt von der L. an eine Quelle mit Löwenmaske. Sie hat eben die Hydria unter den Wasserstrahl gestellt und stützt die L. an die Maske. Hinter dem Quell steht ein reichbelaubter Baum, unter dessen Blättern ein vollständig geharnischter Krieger (Tydeus) im Hinterhalt kniet; l. hält er den Schild vor sich, r. die gesenkte Lanze. Auf der Quelle selbst sitzt ein Vogel [der prophetische Rabe], der auf den Krieger zurückschaut [1]).

Der Firniss ist sehr beschädigt.

Abgebildet bei Creuzer, Gallerie (zur Archäol. III) Taf. 9 und daraus bei Gerhard, etruskische und kampanische Vasenbilder Taf. E. 16.

Creuzer, Gallerie S. 76—84 (zur Arch. III S. 193—211) deutet auf eine nicht nachweisbare Begegnung von Andromache und Menelaos am Quell Messeis. Welcker, Rhein. Museum N. F. VI. S. 632 und Annali dell' inst. XXII 76. Urlichs, Bonner Jahrb. II. 59. Gerhard, arch. Anzeiger 1851. S. 34 (nr. 8) und etruskische Vasenbilder pag. 46.

---

[1]) Ueber ähnliche Vorstellungen s. de Witte, cabinet étrusque (1837.) S. 71 (nr. 122.) Welcker, Rhein. Museum N. F. I S. 371 und Allgem. Schulzeitung 1832. S. 144 (annali XXII S. 72 ff. Taf. E). Urlichs, im Bulletino rom. 1839. S. 73. Jahn, Münchener Vasen 59. 233. Gerhard, etruskische Vasenb. Taf. E. 11—14. 17. 20. Man könnte auch an Achilleus und Polyxena denken (Gerhard, auserlesene Vasenb. II S. 30 ff. Taf. 92; Overbeck, heroische Gallerie I S. 122 ff.).

28 [69] **Lekythos** mit schwarzen Figuren auf rothem Grunde (dabei weiss und violett). H 33, 5. U 37.

Ein bärtiger Mann (**Dolon**), den Kopf nach l. gewandt, mit runder Kriegshaube, die sich durch ein langes zackiges Halsstück auszeichnet, Harnisch und Beinschienen. Die Arme, über welche die Chlamys gebreitet liegt, streckt er wehrlos in die Höhe; r. und l. dringt ein bärtiger Krieger (**Odysseus** und **Diomedes**) mit rundem, nägelbeschlagenem Helm, Panzer, Beinschienen, Schwert und Schild bewaffnet (S z. l. zwei Kugeln, r. ein Vogel) mit erhobener Lanze auf ihn ein. Der zur R. ist ohne Chlamys, der andere lässt sie über den l. Arm herabflattern.

Im Feld Rebzweige.
Sehr beschädigt.

Gerhard, arch. Anzeiger 1851. S. 34 (nr. 9).

29 [285] **Lekythos** mit schwarzen Figuren auf rothem Grunde. H 10, 2. U 15, 2.

Zwei mit Helm, Schild und Wehrgehenk gerüstete Krieger stürmen, die Lanze in der R., auf einander ein. Auf jeder Seite der Gruppe steht, ihr zugekehrt, eine Mantelfigur mit langem Stab.

Am Hals zwei sich nachspringende Hunde.
Flüchtige Zeichnung.

30 [9] **Lekythos** aus GIRGENTI, mit schwarzen Figuren auf weissem Grunde. H 42. U 46, 5.

Zur L. erscheint der bärtige **Hermes** im enganliegenden gestickten und breitbordirten Gewande mit spitzem Petasos und Halbstiefeln, l. das Kerykeion auf der Schulter tragend. Ihm zunächst eine tanzende Bakchantin im bestickten Aermelchiton und Mantel, den ein Gürtel an der Hüfte festhält; sie trägt eine Binde um den Kopf, über den sie den Arm (wohl mit Krotalen) gebogen hält. Ein nackter bärtiger langgeschwänzter Satyr, die gestickte Chlamys über dem l. Arm, spielt die siebensaitige Kithar, r. das Plektron. Hierauf folgt **Dionysos**, bärtig, einen Blätter- und Früchtekranz im Haar, mit langem Chiton, Mantel und Schuhen r. ein Trinkhorn, l. einen Traubenstock tragend, dessen

Zweige und Früchte sich über die ganze Gruppe verbreiten. Sein Kopf schaut rückwärts nach dem spielenden Silen. Ihm zugewandt erscheint sodann, gleichfalls einen Früchtekranz im Haar, in langem reichgesticktem Aermelchiton und Mantel eine Frau, r. den Rebzweig haltend, [l. beschädigt]. Zuletzt ein nackter Satyr mit langem Bart und Schweif, die Doppelflöte spielend. Der ganze Festzug befindet sich zwischen zwei dorischen Säulen.

> Der obere Fries ein Mäander, der untere eine Garnitur von Lotos.
>
> Der Firniss etwas verletzt.
>
> Abgebildet bei Creuzer, Gallerie (zur Archäologie III) Taf. 6.
>
> Creuzer, Gallerie S. 51 ff. (zur Arch. III 152—157). Gerhard, arch. Anzeiger 1851. S. 33 (nr. 7). — Vergl. De Witte, déscription du cabinet Durand p. 220 (nr. 647) und Stackelberg, Gräber der Hellenen Taf. 14, 4.

31 [5] Oinochoe aus NOLA mit schwarzen Figuren auf weissem Grunde. H 26. U 41; 5.

Bärtiger Mann im langen Chiton mit Kopfbinde, ein Viergespann lenkend. Er hält die Zügel mit beiden Händen, in der L. überdies eine Gerte. Vor den Pferden her läuft ein Reh.

> Gerhard, arch. Anzeiger 1851. S. 33 (nr. 6). Aehnlich eine volcentische Vase (mit rothen Figuren) bei Gerhard, auserlesene Vasenbilder I 201. (Taf. 76). Vergl. daselbst I 115. und seine Mythologie I 492.

32 [10] Vaso a colonnette aus LOCRI in Calabrien; schwarze Figuren auf weissem Grunde (mit roth und violett). H 35. D 32, 5. U 99.

A. Der bärtige Odysseus im kurzen blumigen Mantel, l. ein Schwert dessen Scheide ihm an der Hüfte hängt, flüchtet aus Polyphemos' Höhle. Er ist mit drei Stricken unter einen Widder gebunden und hat sich im Liegen umgedreht, so dass das Gesicht nach unten, die Füsse nach oben gekehrt sind. Mit der (stark verzeichneten) R. hält er sich an einem der Stricke fest. Daneben vier sinnlose Inschriften; so bei Odysseus λοΛτιλισισ, über dem Widder λισσοισεσλτσλιλισι. Im Feld Rebzweige (kein Baum).

B. (Eine Abfahrt). Auf einer Quadriga die wagenlenkende Amazonenfürstin, gebückt und in beiden Händen die Zügel, in der R. noch eine lange Gerte haltend. Sie ist mit rundem Helm und Hüftenschurz bekleidet. Neben ihr zwei Amazonen, die eine mit hohem buschigem Helm, das Wehrgehenk über der Schulter, die L. im Schild, r. zwei Lanzen. Ihr Waffenrock ist unten mit einer breitgestickten Borte gesäumt. Die andre, ihr zugekehrt, hat die hohe phrygische Mütze und enganliegende Tracht, den Rock getüpfelt, die Beinkleider mit wellenförmigen Breitestreifen verziert, r. zwei Lanzen, l. den Schild, dessen Rand mit grossen Nägeln beschlagen ist, über der Schulter gleichfalls das Wehrgehenk. Von der dritten Amazone, die hinter den Pferden verborgen ist und mit diesen beschäftigt scheint, sind nur Helm, Beinschienen und Lanze sichtbar. Hinter dem Wagen folgt eine andre mit der runden phrygischen Mütze, getüpfeltem Waffenrock und enganliegenden, wellenförmig gestreiften Hosen, r. zwei Speere, l. den Bogen, zur Seite den verzierten Köcher mit aufgeschlagenem Deckel. Vor den Pferden geht eine Amazone mit Helm, Wehrgehenk und Beinschienen, l. den Schild der am Rand mit grossen Nägeln beschlagen ist, r. zwei Lanzen. Ihr Waffenrock ist von der Hüfte abwärts mit Blumen bestickt und von der r. Paragnathis des Helms hängt (wie auch bei der Wagenlenkerin und der unmittelbar neben ihr stehenden A.) ein kleines schmales Band herab. Alle sind in eilender Bewegung. Im Feld fünf sinnlose Inschriften im älteren Alphabet.

Um die Henkel Palmetten und Rebzweige.

Gerhard, archäol. Anzeiger 1851. S. 33 (nr. 1) wo er B speciell auf Penthesileia deutet. Vergl. auserlesene Vasenbilder II Taf. 102. Urlichs, Bonn. Jahrb. II 61. — Für A siehe Jahn, Münchener Vasen 755-1056. (Micali, storia Taf. 99, 10) und Welcker, arch. Zeitung 1853. S. 121.

33 [66] Olpe mit grosser Wölbung und schwarzen Fig. auf weissem Grunde (nebst roth und gelb) orientalischen Stils. H 24. U 56.
Grasender Steinbock, Panther und Gans. Im Feld Blumen.

34 [3] **Lekythos** aus GIRGENTI; weisse, hell- und dunkelrothe Deckfarbe auf schwarzem Grunde. H 19. U 23, 5.

Ein nackter Knabe mit spitzem weissem Petasos sitzt, in jeder Hand eine Lanze, auf schwarzem sprengendem Ross, dem ein kaum sichtbares weisses l. zur Seite läuft. Nebenher springt ein Hund als Symbol der Schnelligkeit. Die Scene ist aus der seit der 33. Olympiade auch für Knaben bei den Festspielen eingeführten Hippasie entlehnt [1]).

Roh. Die Umrisse eingeritzt.

Gerhard, arch. Anzeiger 1851. S. 34 (nr. 17). Der Katalog denkt an die Identität von Morgen- und Abendstern.

35 [71] **Oinochoe**, ursprünglich rothe Fig. auf schwarzem Grunde. H 19. U 44.

Ein nackter Ephebe, in beiden Händen eine Strigilis haltend, steht l. vor dem niederen Pfeiler, der die Palästra bedeutet. Ein gleicher steht mit dem Gesicht ihm zugekehrt, mit der L. auf den dritten deutend, der in lebhafter Bewegung mit der einen Hand den Discos hält, während er die R. in die Höhe streckt. Alle drei haben Kränze in den Haaren. Im Feld steht $\pi\alpha\tilde{\iota}\varsigma$ $\varkappa\alpha\lambda\acute{o}\varsigma$.

Palmetten um die Henkel.

Der Firniss vom Feuer der Leichenbestattung verletzt, die rothe Farbe in grau geschwächt.

Gerhard, arch. Anzeiger 1851. S. 34 (nr. 16).

36 [7] **Hydria** aus RUVO, 1838 in Neapel vom Obristen Lamberti gekauft; rothe Fig. auf schwarzem Grunde mit Vergoldung. H 49. U 1 m. 10, 5. Nebst einem Untersatz von 12 centim. Höhe.

In der Mitte des Bildes sitzt Paris ($\mathrm{'}A\lambda\acute{\epsilon}\xi\alpha\nu\delta\varrho o\varsigma$) auf dem Berg Ida in reichster phrygischer Gewandung. Er trägt einen asiatischen Aermelchiton, der mit eingesticktem Laubwerk, Sternen und Arabesken übersät ist; auf der Brust läuft ein breiter karrierter Streifen herunter, oben und unten gestickte Borten, an der Hüfte ein Gürtel mit erhabenen

---

[1]) Die Stellen bei Krause Agonistik I 585. II 930.

Knöpfen. Die Aermel haben wellenförmige Querstreifen und werden durch breite Armbänder am Handgelenk geschlossen. Ausserdem trägt er Schuhe und enganliegende karrirte Beinkleider, auf dem Haupt die reichverzierte phrygische Tiara mit 4 langen, bis auf die Schultern reichenden, juwelenbesetzten Laschen und einer runden Bandschleife mit eingesetztem Edelstein auf der Seite. Ueber die Schulter zieht sich ein schmales Band (für die Hirtentasche?); l. trägt er den künstlich geschnitzten Hirtenstab, die R. (ohne Apfel) hebt er bedeutungsvoll auf. Ein kleiner nackter Knabe (Eros) mit vergoldeten Flügeln hat die R. auf seine Schulter gelegt, während er die L. in die Hüfte stützt und dem Fürsten etwas zuzuflüstern scheint[1]). Der grosse Schäferhund (mit Halsband), am Fusse des Berges, liegt mit dem Kopf dem von der R. kommenden Hermes (Ἑρμῆς) zugewandt. Der Gott ist nackt dargestellt, die besternte Chlamys über der l. Schulter, in den Haaren einen Olivenkranz mit erhabenen Früchten, den Petasos im Nacken, an den Füssen hohe Jägerstiefel mit Kappen, die L. in die Hüfte gestützt, r. das Kerykeion haltend. Zwischen beiden steht ein hoher Oelzweig mit erhabenen Früchten, ebenso auf der l. Seite des Paris, von welcher Athene (Ἀθηναία) im langen feingefalteten Aermelchiton, einem mit Sternen, Borten und Franzen geschmückten Ueberwurf und Sandalen bekleidet herantritt. Auf der Brust trägt sie den Schuppenpanzer mit Gorgoneion, dessen Agraffen auf den Schultern zwei geringelte Schlangen sind; um den Hals eine erhabene Perlenschnur, als Helmverzierung zwei geflügelte Pferde[2]). R. hält die Göttin ihre lange, unten zugespitzte Lanze mit Metallreifen, um deren Mitte eine Binde gewickelt ist[3]).

---

[1] Ganz dieselbe Attitüde hat er auffallender Weise bei Stackelberg, Gräber der Hellenen Taf. 29, wie überhaupt einzelne Figuren der besten Vasenbilder sich oft und für die verschiedensten Zwecke wiederholt finden. Vergl. Orpheus (nr. 4).

[2] Flügelrosse als Kopfputz der Athene sind sehr häufig. So bei Winckelmann, Geschichte der Kunst VII 2, 23. Millingen, peintures Taf. 49. Visconti, Pio-Clement. III 9. IV 6, museo Chiaramonti Taf. 15. Museo borbonico IV 7. Elite céramogr. I 29, 1. Millin, galerie mytholog. Taf. 37 (nr. 132).

[3] Wie Monumenti d. inst. II Taf. 15. 16.

Die L. hat sie in dem grossen runden Schild mit breitem Rand, auf dessen innerer Fläche drei Figürchen (die oberste mit Flügeln) gemalt sind [1]). Ueber Alexandros erscheint das Brustbild der Eris ("Ερις) im ärmellosen Faltenchiton mit Hals- und Ohrperlen. Vom l. (nicht fertig gezeichneten) Arm ist noch ein Stück der Hand sichtbar.

Neben Athene, jedoch etwas tiefer als diese, erscheint Hera ("Ηρα) im langen Faltenchiton, den ein Gürtel an der Hüfte befestigt, und gesticktem Ueberwurf mit breiten Borten und Franzen; ausserdem trägt sie ein Collier und Ohrgehänge von erhabenen Perlen, die blätterbesteckte Sphendone[2]) und Armspangen. In der L. hält sie das lange bandumwundene Scepter, während die R. eben das Himation über die Schulter zurückschlägt. Zunächst hinter ihr ist, den r. Arm auf den Hügel gestützt, auf welchem sie sitzt[3]), Klymene (Κλυμένη) mit langem, enganliegendem, durchaus mit eingestickten Sternen verbrämtem Chiton, erhabenen Hals- und Ohrperlen, Armspangen und der blätterbesteckten Sphendone, deren Bänder hoch aufflattern. Mit der L. ergreift sie zierlich das Gewand an der Schulter. Ueber ihr sitzt, Arme und Oberleib entblösst, und den Kopf nach der Gruppe gewendet, der bärtige Zeus (Ζεύς). Auch sein Chiton, auf dem er sitzt, ist mit Sternen bestickt; im Haar trägt er einen Oelkranz mit erhabenen Früchten und neben seinem Haupte ist ein ähnlicher Zweig sichtbar. L. hält er den Blitz (keinen Palmzweig), r. das Scepter, das mit einem Band umwunden und unten mit dem Eichelknopf versehen ist.

Auf der andern Seite sitzt hinter Hermes nur Aphrodite (Ἀφροδίτη) mit Sandalen, feinem Faltenchiton, dessen Aermel mit drei erhabenen Metallknöpfen verziert sind, und ähnlichen Knöpfen an beiden Enden des Gürtelbandes. Ihr sternbesticktes Himation bedeckt nur den Unterkörper; als Schmuck trägt sie vergoldete Armbänder, erhabene Hals- und Ohrperlen und eine mit Mäandern verzierte dreifache

---

[1]) Tanzender Satyr als Schildzeichen bei O. Jahn, Münchener Vasen 374.
[2]) Ebenso bei Müller, Denkmäler II 13, 140 (Tischbein II 12). Arch. Zeitung 1853. Taf. 50. 59.
[3]) Von einem „geste repoussant" ist keine Rede.

blätterbesteckte Sphendone und Opisthosphendone. R. hält sie das bandumschlungene Scepter, die L. legt sie über den Nacken des **Himeros**, der nackt (mit Stirnband und vergoldeten Flügeln) auf ihren Schooss steigen will, um Paris die Reize der Göttin zu zeigen. Ueber ihr sitzt **Eutychia** ($Εὐτυχία$). Im faltigen Aermelchiton und unterwärts mit dem gestickten Ueberwurf bekleidet, trägt sie Armspangen Ohrperlen und eine blätterbesteckte, von Mäandern durchwirkte Sphendone, in beiden Händen den Oelzweig. Hinter ihr und den r. Arm auf ihre Schulter gelegt, l. einen Olivenkranz mit erhabenen Früchten gerade über **Aphrodites** Haupt haltend, steht eine Frau (**Nike**[1]) im langen Chiton mit Ohrgehänge, erhabenen Halsperlen und Armbändern. Zur Seite steigt **Helios** ($Ἥλιος$) mit seiner Quadriga auf, bartlos, den gestickten Ueberwurf nach rückwärts über die Arme geschlungen, die Leitseile in beiden Händen, in der L. ausserdem eine Gerte. Am Riemenwerk der Pferde sind erhabene Knöpfe und am Gebiss eine kleine viereckige Platte[2] bemerkenswerth. Doch ist von ihnen nur Hals und Kopf, von Helios nur der Oberkörper sichtbar. Ueber der Gruppe schwebt die strahlende Sonne; Centrum und Rand der Sonnenscheibe erhaben.

Um die Henkel Palmetten.

> Abgebildet bei Braun, il giudizio di Paride (s. u.) tav. 1. Creuzer, Gallerie (zur Archäologie III) Taf. 1., und mit einzelnen Abweichungen bei Gerhard, apulische Vasenbilder Taf. D 2.

Der untere Fries.

1. Sitzende Frau im feingefalteten ärmellosen Chiton, unterwärts auch mit dem Himation bedeckt; Armbänder und Halsperlenschnur erhaben; auf dem Haupte eine mäandrischverzierte blätterbesteckte Sphendone und Opisthosphendone. In beiden Händen hält sie ein Tambourin.

---

[1] Von Gerhard, apulische Vasenbilder p. 32 als Helena gefasst und $Κλυμένη$ als deren Schwester.

[2] Dasselbe bemerkte O Jahn, Münchener Vasen 265.

2. 3. Ein nackter Ephebe, die Chlamys shawlartig nach rückwärts über die Arme geschlungen, die R. in die Hüfte stützend, l. den Thyrsos, auf der Stirne das erhabene blätterbesteckte Diadem, von dem hinten eine Binde herunterflattert — und eine Tänzerin im fliegenden sternbestickten Chiton, der die Formen des Körpers durchscheinen lässt; Armspangen und Perlencollier erhaben, die R. ausgestreckt, l. den Thyrsos gesenkt haltend. Beide Figuren sind sich zugekehrt.

4. Auf einem Pantherfell sitzt ein nackter bärtiger Satyr mit Stirnbinde und Epheukranz, die Doppelflöte blasend.

5. Hinter ihm, der Gruppe zuschauend, eine langbekleidete Frau mit Armspangen und gestickter Stirnbinde; die gebogene R. ist erhoben, als ob sie das Gewand an der Schulter ergreifen wollte, l. trägt sie den Thyrsos mit fliegendem Band.

6. 7. Zwei Frauen mit Chiton, Ueberwurf und Armspangen. Die eine (zur R.) trägt die gestickte Sphendone und in beiden Händen einen Faden; die andere ohne Haarschmuck (der Krobylos nur mit einem weissen schmalen Bande befestigt) hält ihre Freundin mit beiden Armen angefasst.

8. 9. Sich zugekehrt, zwei Frauen in derselben ärmellosen Gewandung; die zur L. mit Sphendone stützt den l. Fuss auf eine Basis und hält mit beiden Händen einen Zweig; die andere mit langen fliegenden Locken hält die R. gesenkt, l. den Thyrsos.

10. 11. Zwei langgewandete Frauen, gleichfalls sich zugekehrt, mit Armspangen und gestickter Sphendone; die eine hält die R. gesenkt, l. trägt sie ein Fruchtkästchen, aus dem zwei weissgemalte Blätter hervorragen; die zur R. ist sitzend dargestellt, die L. aufstützend, den gekrümmten r. Arm erhoben.

12. 13. Zwei sich zugekehrte langbekleidete Frauen; die eine (mit Armspange und einfacher Kopfbinde) hält

mit beiden Händen der andern einen Blüthenzweig entgegen, welche (mit Armspange und gestickter Sphendone geschmückt) die R. gesenkt haltend, l. ihren sternbestickten Ueberwurf über die Schulter zieht.

14. Der folgenden Gruppe zugewandt, die R. in die Hüfte stützend, l. den Rohrthyrsos, steht eine Frau mit langen Locken, Chiton, Armspange und einer an der l. Schulter befestigten eng an der Brust anliegenden Nebris, welche unten mit Blättern besteckt ist.

15. 16. Zwei Tänzerinnen im fliegenden durchsichtigen Chiton, mit erhabenen Halsperlen und Armbändern; die zur L. (mit fliegendem Haar und erhabenen Ohrperlen) hält einen langen Zweig; die andere mit zurückgeneigtem Haupt und entblösster l. Brust, trägt ihren Shawl in beiden Händen.

    Abgebildet bei Creuzer, Gallerie (zur Archäologie III) Taf. 7. —

    Die erste Notiz von der Vase gab Sign. Laviola im Bulletino arch. 1836. S. 165 ff. (scavi di Ruvo). Darauf folgte E. Braun, il giudizio di Paride rappresentato sopra tre inediti monumenti. Parigi 1838. Edizione altera [die erste Auflage, das Gratulationsprogramm zu Ritschls Hochzeitsfeier wurde nie gedruckt] p. 5—9; (ders. annali XIII p. 84 ff.). O Jahn, Zeitschrift für Alterth. 1839. p. 286 ff. Ferner unabhängig von diesen: Creuzer, Gallerie S. 29—46. 56—65. 128—30. (zur Archäologie III S. 111—142. 158 ff. 219—221). H. W. Schulz, annali XI p. 107. Welcker, le jugement de Paris, annali XVII p. 132—215, besonders p. 172 ff. (nr. 59). Urlichs, Bonn. Jahrb. II 57.

37 [4] Amphora mit Volutenhenkeln aus GIRGENTI; rothe Figuren auf schwarzem Grunde. H 41 (mit den Henkeln 47, 5). D 33.

A. Ein Jüngling, nackt bis auf die Chlamys, die er über beide Schultern geschlungen hat und deren eines Ende er mit der R. hält, l. einen langen knotigen Krummstab, verfolgt die auf dem Revers

B. dargestellte Frau in langem, bis auf die Knöchel reichen-

den Chiton Mantel und Haube. Sie schaut nach ihm um, während sie sich r. auf ein Scepter stützt und die L. im Gewand verbirgt.
Der Firniss beschädigt.

Gerhard, arch. Anzeiger 1851. S. 34 (nr. 14).

38 [64] **Hydria**, rothe Figuren auf schwarzem Grunde (mit gelb und weiss). H 30, 5. U 56, 5.

Nackter Ephebe auf einem Sitz über welchen die Chlamys gebreitet liegt, r. einen langen Blüthenzweig haltend, an den eine Tänie gebunden ist, l. ein Fruchtkörbchen. Vor ihm steht eine langbekleidete Frau mit weissen Schuhen, Halsperlen, goldnem Ohrschmuck und Armspangen und einer goldnen Kugelschnur als Stirnband. Mit der L. reicht sie dem Jüngling ein Kästchen, dessen Deckel halb offen steht, r. hält sie den Kadiskos am Henkel.

An der Seite Palmetten.

39 [2] **Lekythos** aus RUVO mit rothen Figuren und Vergoldung auf schwarzem Grunde. H 15. U 26.

Auf der untersten Sprosse einer Leiter steht eine Frau [Aphrodite] mit vollen, runden Formen, nackt bis auf ein Tuch, das shawlartig über die r. Schulter fliesst[1]). Sie trägt ein goldnes Stirnband mit Juwelen, Perlen als Ohrgehänge und ausserdem in den Haaren zwei Orangen an einem besondern Band. Einem r. von ihr stehenden nackten Flügelknaben (Eros) übergibt sie mit beiden Händen sorgsam ein grosses, am Rande gezacktes, unten mit zwei Henkeln versehenes Gefäss; ein gleiches steht schon zwischen ihnen am Boden[2]) und beide scheinen mit Blumen gefüllt. Hinter Eros befindet sich ein drittes Gefäss (mit hohem Fuss und Henkeln) das mit Aepfeln gefüllt ist. Auf beiden Seiten der Gruppe erscheint eine Frau in langem Faltenchiton, der die Umrisse des Körpers durchschimmern lässt, mit Ohrperlen und doppelten Armringen. Die eine, welche

---

1) Vergl. Stackelberg, Gräber der Hellenen Taf. 30, 2., wo die Verhüllung kaum sorgsamer ist.

2) Von nur einer, aber zerbrochenen Vase kann keine Rede sein, da auch die, welche Eros eben nimmt, Henkel am Boden hat. Aehnliche oben ausgezackte Gefässe z. B. bei Tischbein I 25, d'Hancarville IV 42.

hinter der Leiter steht, hat ausserdem ein Haarnetz und den kurzen Mantel. und hält die entblössten Arme, wie über den Blumenreichthum verwundert, etwas in die Höhe. Auch die andre, welche mit einer Krobylos-Agraffe und, wie Aphrodite, mit zwei Orangen nebst Band im Haar geschmückt ist, hebt beide Hände auf. — Armspangen, Ohrperlen, Agraffe, Orangen und die Flügel des Eros sind erhaben und tragen Spuren ehemaliger Vergoldung [1]). — Der obere Kranz, an welchen die Leiter gelehnt ist, besteht aus Olivenblättern mit erhabenen vergoldeten Früchten. — Die jetzt unleserlichen Inschriften über dem Flügelknaben und der Frau zur L. scheinen mir *ναίχι* zu heissen.

Um die Henkel Palmetten.

Sehr schön. —

    Abgebildet bei Creuzer, Gallerie (zur Archäologie III) Taf. 8. Symbolik (3. Ausg.) II Taf. 6 (nr. 38), und hiernach annali dell' inst. XVII, pl. N.

    Creuzer, Gallerie S. 66—75 (zur Archäol. III 174 ff.). Symbolik (3. Ausgabe) II 475. 482—83. 509. IV 780 der daran bekanntlich eine Zurüstung zur Adonisfeier erkennen wollte. Gerhard, hallische Litteraturzeitung 1840. Febr. S. 222 und arch. Zeit. 1851. S. 37 (nr. 34). De Witte, déscription de la collection Beugnot S. 14 (nr. 8) und élite céramogr. I 85. — Widerspruch von O. Jahn in der Zeitschrift für Alterth. 1841. S. 982 ff. und annali XVII S. 383 ff. (lettre à Mr. J. de Witte) der es geistreich als ein idyllisches Genrebildchen ohne allen mythologischen Bezug (der aber doch schwer zu leugnen ist) auffasst. De Witte's Antwort in den annali XVII 413 ff. (sur les représentations d'Adonis). R. Rochette, revue archéol. VIII s. 117 ff.

40 [11] Oxybaphon aus LOCRI in Calabrien; rothe Figuren auf schwarzem Grunde. H 42, 5. D 50. U 1 m. 26.

A. Auf sprengenden Rossen die zwei Dioscuren *Κάστωρ* und *Πολυδεύκης* mit der kurzen Reiterchlamys, Schnürstiefeln und dem ausgeschnittenen, breitgekrämpten Petasos. Rechts haben sie die eingelegte Lanze, die L. hält den Zaum gefasst.

---

[1]) Andere sehr seltene Beispiele von Vergoldung sind: unsre Parisvase (nr. 36); élite céramographique II 59. Stackelberg, pl. 17. 27. 30 (Cab. Pourt. 33). Bullet. Napolitano III. Taf. 1, 3 und 4. O. Jahn, Münchener Vasen 234. 214.

B. Ein langbekleideter Mann mit weissem Haar und Bart, die R. in die Hüfte stützend, während er mit dem l. Arm, über den der Mantel geschlagen ist, das bandumflochtene Scepter hält. Zu beiden Seiten eine Frau in langer Gewandung, die, das Gesicht ihm zugekehrt, mit ausgebreiteten Armen entflieht. Die zur L. hat die Haare in einen zackigen Krobylos geflochten.

An den Henkeln Palmetten.

Sehr schön.

Gerhard, arch. Anzeiger 1851. S. 34 (nr. 11) der (ohne Zweifel im Hinblick auf die Vase des Meidias, Berliner Akad. 1839; archäol. Zeitung 1845. S. 27 ff.) B auf Leukippos und dessen Töchter deuten möchte. [Vergl. auch meine nr. 3].

41 [1] Doppelstamnos aus RUVO mit rothen Figuren auf schwarzem Grunde. H zusammen 42, 5 (die Deckelvase allein 19, 5). U 67 und 29.

Die untere Vase.

A. Langbekleidete ärmellose Frau, mit Armbändern und goldgezackter Stephane; sie hat den l. Fuss auf einen Stein gestellt, l. eine Tänie und eine Traube haltend. Vor ihr ein Jüngling, nackt bis auf die Chlamys, die über den l. Arm gewickelt ist, und eine Binde im Haar; mit der R. reicht er ihr einen Zweig.

B. In der Mitte ein grosses Waschbecken mit cannelliertem Fuss. R. davon sitzt eine nur unterwärts bekleidete und beschuhte Frau. Sie ist mit Armbändern geschmückt und ihr r. Arm (mit einem Spiegel) stützt sich auf das Becken, in das sie hineinblickt, l. hat sie ein Fruchtkästchen. Auf der andern Seite des Beckens und die Hände darüber haltend steht eine nackte Frau mit Armringen und einem Myrtenzweig. Ueber ihr fliegen zwei hermaphroditische Eroten (mit Knöchelspangen) herbei, der eine mit einem Salbenkrug, den er der Badenden über die Hände giesst, der andere mit einer Fruchtschale.

Palmetten um die Henkel. — Am Hals vier Knöpfe.

Die obere Vase.

A. Nackter geflügelter Hermaphrodit mit Stephane, Ohr- und Halsperlen, Perlenband über Brust und linkem Oberschenkel, und Schnürstiefeln; rechts einen Spiegel, l. den Kranz haltend. Vor ihm eine blühende Pflanze.

B. Langbekleidete Frau mit Kopfbinde, Ohr- und Halsperlen und Armbändern; l. einen Kranz, r. die gerippte Fruchtschale. Neben hängt eine Tänie.
Zur Seite Palmetten.

Gerhard, archäol. Anzeiger 1851. S. 36 (nr. 29). — Zur Vergleichung für das Venusbad Passeri picturae Etruscorum in vasculis I 39.

42 [70] Patera con maniche mit rothen Figuren. H 9. D 22, 5.

I. Im Innern eines Mäanderkranzes:

Jüngling, unterwärts bekleidet und auf einer Kline sitzend. Auf dem Schoosse hält er l. die fünfsaitige Kithar, die R. mit dem Plektron ruht. Ein Krummstab steht vor ihm, an der Wand hängt ein Oelfläschchen. Die sinnlose Inschrift $καλυ..ς$ sucht wohl (wie auch auf dem Revers) das gewöhnliche $καλὸς\ ὁ\ παῖς$ nachzuahmen.

U. a) Auf einem Lehnstuhl sitzt, ganz in den Mantel eingehüllt, ein Palästrit. Vor ihm führt ein bärtiger Mann, gleichfalls langbekleidet, zwei Pferde am Zügel. An der Wand hängt halbsichtbar ein Schild und Badegeräth. Inschrift $καπ$.

b) Zwei Palästriten im langen Mantel, der eine mit Stab. Zwischen beiden ein Pferd. An der Wand ein Schuh und Badegeräth. Inschrift $καλπις$.

An den Henkeln Palmetten.

Gerhard, archäol. Anzeiger 1851. S. 35 (nr. 18).

43 [1021] Lekythos ohne Henkel mit gelbrothen F. auf schwarzem Grunde. H 19. U 32, 5.

Nackter geflügelter Hermaphrodit mit weiblichem Kopfschmuck, Armspangen, Perlschnüren um Hals, Brust und Schenkel, und Sandalen. — Unten eine Blume mit langen Staubfäden.

44 [68] **Teller** mit rothen Figuren. H 6. D 21.
 Drei kleine Seefische von roher Zeichnung.

45 [67] **Apulischer Stamnos** mit Deckel; rothe Figuren. H 11 (mit den Henkeln 16). U 35, 2.
 A. Nackter Knabe, l. ein Kästchen tragend.
 B. Derselbe, in beiden Händen eine Binde.
 Um die Henkel Palmetten.

46 [1016] **Lekythos** mit weissen Figuren auf schwarzem Grunde. H 11. U 15.
 Vogel auf einem Zweig. Daneben Blumen.

47 [1018] **Lekythos** ohne Henkel; weisse Figuren auf dunkelbraun. H 12, 6. U 22, 5.
 Taube.

48 [1013] **Lekythos**, braune Figuren auf rothgelb. H 12. U 15.
 Frauenkopf mit Hauptbinde; das Gesicht zum Theil schwärzlich.
 Um den Henkel eine Palmette.

49 [63] **Apulischer Stamnos** (dessen Deckel fehlt); Fleischfarbe auf braunem Grunde. H (mit den Henkeln) 18. U 35.
 Zwei Frauenköpfe mit Schmuck.
 Roh.

50 [ohne nr.] **Lekythos** mit rothen Figuren. H 19. U 19.
 Ephebe mit langen Locken, den Hut auf den Nacken gebunden, im kurzen Chiton mit Schnürstiefeln. Die vom Gewand verhüllte L. streckt er aus; r. hält er den Discos zum Wurf ausholend hinter sich.

— Nur der Form wegen verdienen Erwähnung:

51 [1027] **Kotyliscos** (wie Gerhard antike Denkmäler, Figur 46). H 9. U 15.

52 [62] **Kleine Amphora** mit etwas cannellierter Wölbung. H 15, 5. U 36, 5.

53 [1030] und **54** [1022] **Lekythoi**, der eine mit weissen, der andre mit schwarzen Streifen karriert. H 10 und 13. U 18 und 14, 2.

IV. Oberer Tisch.

Links. Am Boden. Nr. 55—59.

55 [141] Patera senza maniche mit rothen Figuren. H 4, 8. D 23.
  I. Geschmückter Frauenkopf.
56 [145] Braune Amphora von eigenthümlicher Dicke und Rohheit, der Bauch mit cannellürenartigen Furchen. H 14, 5. U 40, 5.
57 [ohne nr.] Oinochoe. H 20. U 34.
  Weiss- und gelbgemalte Trauben.
  Am Hals Verzierungen in denselben Farben.
58 [139] Kyathis. H 11, 2. U 25, 5.
  Mit weissgemalten und zum Theil eingeritzten Streifen verziert. Sehr roh.
59 Weinkrug. H 74. U 82. Am Hals mit zwei kleinen Henkeln versehen.

V. Oberer Tisch.

Links. Tablette. Nr. 60—89.

60 [265] Apulischer Stamnos mit Deckel; rothe Figuren auf schwarzem Grunde. H 15 (mit den Henkeln). U 29, 5.
  A. Auf einem Steinsitz eine beschuhte und langbekleidete Frau mit Kopfschmuck, Halsperlen und Armspangen, r. eine Binde, l. das Fruchtkästchen haltend. Im Feld Blumen.
  B. Geflügelter nackter Hermaphrodit mit weiblichem Kopfschmuck, Armspangen, Perisphyrien und Perlschnüren um Hals und Oberschenkel. R. hält er einen Spiegel, während er die L. auf seinen Sitz gelegt hat.
61 [262] Amphora mit dunkelrothen Figuren auf schwarz. H 16. D 9, 6. U 43, 5.
  Ein Kranz mit Epheublättern und blühenden Rispen.
  An den Henkeln Masken.
62 [263] Alabastron mit rothen und schwarzen Figuren auf weissem Grunde. H 15, 2. U 34, 5.
  Geflügelter Löwe nach babylonisch strengem Schematismus.

63 [282] Oinochoe, rothe Figuren auf schwarz. H 8, 5. U 21.
Eine Frau in eiligem Lauf; sie blickt nach dem Spiegel um, den sie in der R. hinter sich hält.

64 [255] Kyathis mit verschlungenem Henkel (rothe Figur) H 9, 6. U 23, 5.
Nackter geflügelter Hermaphrodit auf einem Steinsitz. Ausser dem üblichen Perlenschmuck trägt er r. die Schale, L. eine Traube. Vor ihm hängt eine Tänie.
Blume im Feld.

65—68 Drei Oinochoen [75. 287. 300] von 35. 22 und 16 centim. Höhe und 29. 38. 10 Umfang; sowie eine Kyathis [254] von H 9, 8. D 7. Rothe Figuren.
Geschmückter Frauenkopf von sehr roher Zeichnung.

69. 70 [266. 270] Paterae mit Fuss und rothen Figuren. H 4, 3. D 8, 5.
a. b. Geschmückter Frauenkopf.

71 [258] Amphora mit rothen Figuren. H 13, 3. D 8, 4. U 35, 6.
Palmette und Laubwerk.
Masken an den Henkeln.

72 [253] Kantharos mit rothen Fig. H 15 (mit den Henkeln 18, 2). U 11, 1.
A. B. Frauenköpfe, behaubt und reichgeschmückt.

73—75 [267. 273. 279] Ein Kantharos (H 15, 2. D 11) und zwei Amphorae (H 33. 18. D 12. 9. U 48. 38). Rothe Figuren.
A. B. Geschmückte Frauenköpfe von roher Zeichnung.

76 [269] Lekythos ohne Henkel (Jahn Fig. 74) mit rothen Figuren. H 11. U 22.
a. Frauenkopf mit Haube.
b. Palmette.
Sehr roh.

77 [286] Kylix mit Deckel und rothen Figuren. H im Ganzen 9. D 9, 6.
Auf dem Deckel: Sehr rohe geschmückte Frauenköpfe mit Haube.

78 [288] Patera mit Fuss und rothen Figuren. H 5, 4. D 9.
U Reichgeschmückte Frauenköpfe zwischen Palmetten (wie nr. 69. 70).

79 [289] Oinochoe mit Deckel und verschlungenem Henkel. Rothe Figuren. H 17. D des Deckels 9, 2. U 42.
Geschmückter Frauenkopf zwischen Arabesken.

80 [302] Oinochoe mit verschlungenem Henkel und rothen Figuren. H 9, 3. D 7, 4.
>Behaubter geschmückter Frauenkopf.
>Roh.
81 [299] Lekythos. H 13, 5. U 15, 5.
>Schwarze Palmetten auf gelbrothem Grund.
82 [290] Lekythos mit rothen Bandstreifen. H 7, 4.
83 [276] Schwarze Kyathis mit eingeritzten und weiss aufgemalten Verzierungen. H 12. U 25.
84 [275] Lekythos mit schwarzen Streifen. H 14. U 18, 2. Ein gleicher hat die nr. 295.
85 [261$^1/_2$] Schwarze patera senza maniche. H 4, 4. D 12, 5.
>Im Innern eingepresste Ornamente.
86 [261] Kotyle. H 5, 5. D 11.
>Oben ein weissgemalter Kranz kleiner Epheublätter.
87 [296] Lekythos ohne Henkel, mit gelbrothen Streifen. H 9, 6. U 17, 6.
88 [257] Rhyton mit Schweinskopf. H 17.
>An der Mündung ein geschmückter Frauenkopf zwischen Flügeln. (Rothe Fig.)
89 [256] Rhyton (H 12. D 23) mit ausgezackter Mündung, einen nackten Silen mit struppigem Haupthaar und Bart darstellend, der, auf den Boden gekauert, r. ein Trinkhorn hält, in welches er aus einer runden Oinochoe Wein giesst. Die Bemalung war Fleischfarbe und eine Mischung aus gelb und braun.

VI. Oberer Tisch.

Rechts. Nr. 90—103.

90 [78] Lekythos mit braunrothen Fig. auf gelbem Grunde. H 20. U 21.
>Kampf eines nackten, nur mit dem Wehrgehenk bewaffneten Mannes (Theseus) gegen den marathonischen Stier, dem er mit dem l. Fuss den Kopf zu Boden tritt, während er rechts ein Seil um ihn zu werfen sucht. An der

Wand hängt sein Kleid und ein offner Köcher. R. und l. von der Gruppe eine Mantelfigur. Die zur L. hat ein langes Schwert. Im Feld Zweige.

Sehr beschädigt.

>Gerhard, arch. Anzeiger 1851. S. 34 (nr. 10). — Zur Vergleichung Millin, peinture de vases I 43, galerie mythologique Taf. 129 (nr. 485). Gerhard, Auserlesene Vasenbilder III Taf. 162. Stackelberg, Gräber der Hellenen Taf. 14, 3.

91 [82] Stamnos mit rothen Figuren. H 25. U 61.

A. Zur R. sitzt eine beschuhte Frau mit Kopfbinde, im langen ärmellosen Chiton. Die L. mit einem Kranze hält sie hinter sich über eine kleine Ara mit Basis, r. eine Schale. Vor ihr ein nackter geflügelter Hermaphrodit (mit Schuhen und Armringen), der den Fuss auf eine Erhöhung gestellt und den l. Arm aufs Knie gelegt hat, während er die R. gegen die Frau ausstreckt. Hinter ihm eine Pflanze.

B. Palmetten.

An den Henkeln geschmückte Frauenköpfe.

92 [21] Hydria, rothe Fig. (mit weiss und gelb). H 34. U 65.

A. Rechts eine Frau im langen, vorn mit einem breiten zackigen Längestreifen verzierten Chiton und Mantel, mit Kopfschmuck, Hals- und Ohrperlen, dreifachen Armringen und Schuhen. L. hat sie einen Kranz, r. einen Apfel. Vor ihr steht, den l. Fuss auf einem Steine, ein nackter geflügelter Hermaphrodit, beschuht, mit Armringen und Ring über dem l. Oberschenkel und einer Perlenschnur über der Brust; l. hält er Kranz und Fruchtschale, r. einen Apfel, den er eben aus der Phiale genommen hat.

B. Zwei sich zugekehrte Epheben im langen, oben und unten bordirten Chiton und Kränzen im Haar. Der zur R. hält eine Blume, der l. stützt sich auf einen Stab und hält mit der R. (so scheint es) den Striegel.

Um die Henkel Palmetten.

93 [73] Hydria mit rothen Figuren. H 30, 2. U 63.

Nackter Jüngling auf einem Sitze, über dem die Chlamys ausgebreitet liegt. Die R. stützt er auf die Rücklehne, während er die L. nach dem Kranze ausstreckt, den ihm eine langbekleidete Frau (mit Kopfbinde und Perlencollier) entgegenhält. In der L. hat diese ein reichverziertes Kästchen. Zwischen beiden eine Pflanze.

Im Feld eine Blume.

94 [81] **Amphora** mit Gorgonenhenkeln und rothen Figuren. H 54, 8 (mit den Henkeln 64). U 96.

A. In einem weiss und gelb gemalten Heroon mit zwei jonischen Säulen, Giebelfeld und Palmetten auf den Acroterien sitzt eine Frau, beschuht und in weissem Kleid, das vorn einen braunen breiten Längestreifen hat, mit Halsperlen, dreifachen Armspangen und Stephane geschmückt. R. hält sie ein Kästchen mit halboffenem Deckel, die L. stützt sie auf den Sitz, über welchen ein Tuch gebreitet liegt. Auf ihrem Schoose steht ein Fächer. — Ausserhalb erscheint l. eine langbekleidete Frau mit Kopftuch, gelben Schuhen, Armspangen, Gürtel und Perlschnüren an Ohr, Hals und Stirne. Der Mantel hängt ihr über dem l. Arm, in dem sie einen verzierten Fächer hält; r. hat sie den Kantharos. — Auf der andern Seite des Heroons steht ein nackter Jüngling, die Chlamys über dem l. Arm, in dem er einen langen Blüthenzweig trägt; r. hat er eine gestickte Tänie. Im Feld eine Phiale.

Am Hals: Weisser geschmückter Frauenkopf. Daneben Blumen.

Die Henkelmassen erscheinen in Hautrelief mit weissem Gesicht, goldgelbem Haar und gezackter Stephane.

B. Auf einer Basis in der Mitte steht eine hohe, mit schwarzer und weisser Tänie behängte Stele. Von der L. kommt in eilendem Laufe eine Frau, langgewandet, mit gelben Schuhen, den Mantel nach rückwärts über beide Arme geschlungen, mit Armringen, Gürtel und Perlschnüren an Hals, Ohr und Stirne geschmückt. L. hält sie ein geschlossenes verziertes Kästchen, r. einen

Eimer. — Von der anderen Seite kommt ein nackter
Jüngling mit Haarbinde, die Chlamys über dem Arm,
den Hut auf dem Nacken. L. trägt er einen langen
Blüthenstengel, r. eine gestickte Tänie, um die Grab-
säule damit zu schmücken. —
Im Feld eine Phiale.

Die Henkelmasken mit rothem Gesicht, dagegen
sind Haar, Bart, Mund und Augen schwarz gemalt.

An Hals und Henkeln Palmetten.

> Gerhard, arch. Anzeiger 1851. S. 35 (nr. 23), der bei den
> Gorgoneien richtig den Bezug auf Licht und Schatten her-
> vorhebt. Ebenso auf einer Vase in München (Jahn 815).

95 [20] Amphora aus NOLA; rothe Figuren (mit violett).
H 34. U 58.

A. Auf einem Lehnsessel sitzt ein bärtiger Mann (Zeus)
mit langen Locken, im Chiton und Mantel, l. das Scepter, r. eine flache Schale. Vor ihn tritt eine Frau
(Pallas) mit Aermelchiton, Ueberwurf und Aegis, die
aber nur den Hals bedeckt und an den Schultern geringelte Schlangen als Agraffen hat. L. hält sie eine
lange Lanze, r. den Kantharos, aus dem sie zur Liba-
tion Wein in die Schale giessen will. Im Haar eine
Stephane.

B. Geflügelte Frau (die Götterbotin Iris) mit Diadem,
gesticktem Aermelchiton und Mantel, dessen violette
Bänder nach rückwärts flattern. Im Fliegen streckt sie
die L. aus und blickt hinter sich auf das Kerykeion,
das sie r. hält.

> Gerhard, arch. Anzeiger 1851. S. 34 (nr. 13). — Zur
> Vergleichung (von B) desselben auserlesene Vasenbilder II 14.

96 [59] Oxybaphon mit rothen Fig. H 36. D 37, 5. U 83.

A. Nackter Ephebe, die Chlamys nach rückwärts über die
Arme gebreitet, r. den Thyrsos, l. eine gerippte Phiale
haltend. Eine mit Chiton und ärmellosem Mantel langbekleidete Frau (mit Armspangen und Halsperlen) eilt
ihn anblickend nach einer Ara mit karriertem Schaft

und doppelter Basis. — Sie trägt l. ein Tambourin, r. den Kadiskos.
Zwischen beiden hängt oben eine Tänie.
B. Zwei sich zugekehrte Mantelfiguren, von denen jede auf einen langen Stab gestützt ist. Zwischen ihnen eine Ara mit Basis; oben die Tänie mit Franzen an beiden Enden.

97 [1031] **Lekythos** mit rother Zeichnung. H 7, 9.
Sphinx.

98 [1079] Kleine **Amphora** mit rothen Figuren. H 9, 8. D 7, 4.
A Frauenkopf.
B Küchlein.
Sehr roh.

99 [1078] **Skyphos.** H 8, 6. D 7.
Auf schwarzrothem Grund eine Garnitur von weiss und gelbgemalten Trauben. Die Ranken weiss.

100 [80] Schwarzer cannellirter Lekythos. H (mit Henkel) 28, 7. U 29.

101 [1076] Schwarzes Gefäss in der Form eines **Holkion** (Gerhard, ant. Denkm. Fig. 27). H 6, 6. D 7, 2. [Ein ähnliches nr. 1077].

102 [1052] Schwarze, plumpe **Patera** mit Fuss. H 4, 2. D 9, 4.
Im Innern eingepresste Verzierungen.

103 [1062] Schwarzes Gefäss in der Form einer Patera mit festem Deckel; darauf blattartige Verzierungen in hautrelief. H 4, 2. D 9.

VII. Oberer Tisch.

Rechts. Am Boden. Nr. 104—105.

104 [154] **Oinochoe**, oben cannellirt. H 16. U 36, 2.
105 [152] Cannellirte **Oinochoe.** H 24, 5. U 42, 5.

VIII. Oberer Tisch.

Rechts. Tablette. Nr. 106—119.

106 [324] **Oinochoe** mit rother Figur. H 18. U 34.
Kopf des bärtigen **Herakles**; die weiss und gelb ge-

malte Keule hält er in der R.; auf dem Haupt eine Sphendoneartige Stirnbinde.

    Gerhard, arch. Anzeiger 1851. S. 36 (nr. 31).

107 [303] Kantharos. H 9, 6. D 10, 2. Die Figuren auf schwarzem Grund sind schwärzlich eingebrannt und von eigenthümlicher Rohheit.
    A. Zwei sich zugekehrte Vögel mit ausgebreiteten Flügeln.
    B. Traubenguirlande.

108—110 Zwei Kantharoi [304. 320] der eine mit Deckel (H sammt dem Henkel 16 und 13, 2. D 10 und 9, 8) und eine Patera mit Henkeln [322] von 6 centim. H und 9, 3 D.
    A. B. Frauenköpfe (rothe Zeichnung).

111 [314] Lekythos mit rothen Figuren. H 12, 5.
    Vor einer Ara, auf welcher Früchte liegen, sitzt ein Jüngling mit weissen Schuhen, Armspangen, einem Kranz im Haar und Bändern über Brust und Oberschenkel. Links hält er eine Phiale, die R. stützt er auf den Sitz.

112 [306] Skyphos (Jahn Fig. 7) mit rothen Figuren. H 9. D 8, 5.
    A. Nackter Ephebe in eiligem Lauf, die Chlamys um den l. Arm gewickelt, in dem er einen blühenden Zweig trägt, im Haar eine gelbe Binde, r. den Striegel.
    B. Frauenkopf.

113 [309] Kleine Hydria mit rothen Figuren. H 17. U 35.
    Auf einem Steinsitz eine behaubte langgewandete Frau mit Armspangen und Halsperlen; in der entblössten R. eine Phiale vor sich haltend.

114 [305] Kyathis mit runder Wölbung und Henkeln. Rothe Fig. H 7, 4. D 6.
    Geschmückter Frauenkopf zwischen Blumen und Palmetten.

115 [321] Skyphos (Jahn Fig. 7) mit weisser und gelber Malerei auf rothbraun. H 11, 8. D 9, 8.
    Rohe Traubenguirlande.

116 [313] Lekythos mit runder Wölbung; weisscarriert. H 20, 8. U 28, 5.

117 [311] Lekythos schwarzcarriert; oben ein Mäanderkranz. H 11, 5.

118. 119 [318. 319] Oinochoen mit rohen Traubenguirlanden. H 13 und 13, 5.

IX. Creuzersche Sammlung.

Nr. 120—131.

120 [1482] Alabastron mit rothen Figuren aus ATHEN, erworben durch den Negocianten Weber in Venedig. H 15. U 18, 5.

A. Ein nackter Jüngling, den rothen Kranz im Haar, steht vor einer Kline, auf der sein gestickter Chiton zusammengeballt liegt [1]). Beide Arme streckt er aus und träufelt sich aus einem Salbgefäss, an dessen Hals eine lange Schnur befestigt ist, Oel auf die l. Hand. Daneben der Name des Töpfers Ἱλῖνος ἐποίησεν.

B. Tanzende Bakchantin im langen Aermelchiton und übergehängter Nebris, das r. Bein bis an die Hüfte entblösst, in beiden Händen Krotalen haltend, den Kopf nach rückwärts gedreht. Die Inschrift Ψίαξ ἔγραψεν gibt den Namen des Malers.

> Stil und Malerei wie bei Gerhard, auserlesene Vasenbilder III Taf. 221. Neuerworbene antike Denkmäler nr. 1612 (p. 41).
>
> Die Inschriften eingekratzt.
>
> Bis auf zwei fehlende Stückchen wohlerhalten.
>
> Abgebildet (nach einer ungenauen Zeichnung von Niccolo Marano) bei Creuzer, ein altathenisches Gefäss mit Malerei und Inschrift, Leipzig und Darmstadt 1832 (Archäologie III Taf. 1).
>
> Creuzer, daselbst (Archäol. III pag. 6—63). Privatantikensammlung p. 45. Verzeichniss seiner Sammlung p. 21 (nr. 2). C. D. Beck, commentatio de nominibus artificum antiquorum fictis et interpolatis (Lips. 1832) I, 4 u. II, 9 zweifelte mit Unrecht an der Aechtheit der Inschrift. Welcker, Bullet. romano 1834. p. 136; Rhein. Museum II 322. Raoul-Rochette, Troisième mémoire sur les antiquités chrétiennes des catacombes p. 72; Peinture antique p. 417 (not. 5); lettre à Mr. Schorn (ed. 2) p. 47 ff. Gerhard, Bulletino rom. 1834. p. 26. J. de Witte, revue de Philologie II p. 478. 496 (noms des fabricants et des dessinateurs de vases peints).

---

[1]) Dieselbe Vorstellung coll. Beugnot n. 8 (p. 12 de Witte). R. Rochette mon. inédits pl. 49 a.

121 [1481] Patera con maniche. Schwarze Figuren (mit weiss und violett) auf gelbrothem Grunde. H 7, 6. D 12, 4.
U. a. Hinter einander zwei zwerghafte, langbekleidete männliche Figuren. Die L., über welche die Chlamys herabhängt, halten sie ausgestreckt. Ihnen zugekehrt eine dritte.
b. Dieselbe Gruppe. Darunter die Inschrift $Χαῖρε καὶ πίει τήνδε$ (d. h. $φιάλην$) „freue dich und trinke diese Schale".
Malerei und Schematismus wie bei Gerhard auserlesene Vasenb. III Taf. 170.

Creuzer, Katalog einer Privat-Antikensammlung p. 45. Verzeichniss der antiken Münzen, Bronzen, Terracotten etc. (Heidelberg 1852) p. 21 (nr. 1).

122 [1484] Fragment einer Patera aus ADRIA am Po, mit rothen Figuren. Erworben durch den Negocianten J. D. Weber in Venedig.
J. Eine geflügelte Frau mit Faltenchiton und Ueberwurf [Nike] reicht einem langbekleideten, mit Diadem geschmückten, bärtigen Mann, der r. den Stab hält, einen Helm.

Abgebildet bei Creuzer, zur Archäologie III Taf. 2 (nr. 3).

Creuzer, daselbst III 67—68. Sein Verzeichniss p. 22 (nr. 4). Privatantikensammlung p. 47.

123 [1475] Askos mit rothen Figuren. H 6, 6. D 8, 5.
a. b. Panther, auf den Boden gekauert.

Creuzer, Verzeichniss p. 21 (nr. 7).

124 [1488] Lekythos mit rothen Figuren. H 13, 5. U 26.
Langbekleidete Frau, die auf einer Kline mit Scabellum sitzt und spinnt. Vor ihr steht ein Körbchen.
Der Firniss beschädigt. — Rohe Technik.

Creuzer, Privat-Antikensammlung p. 48, Verzeichniss p. 22 (nr. 8).

125 [1487] Oinochoe mit rothen Figuren. H 14, 5. U 31.
Nackter schreitender Jüngling, die Arme ausgestreckt, r. ein rundes Salbgefäss [keine Pomeranze] an einem Band haltend.
Roh.

Creuzer, Privatantikensammlung p. 48, Verzeichniss p. 22 (nr. 7).

126 [1492] Kleine **Amphora** mit rothen Figuren. Erworben durch den Negocianten J. D. Weber in Venedig. H 21,5. U 52.

- A. Nackter Jüngling auf einem Sitz, über welchen er das Gewand gebreitet hat und auf den er die L. stützt. Die R. streckt er nach einer gerippten Phiale aus, die eine Frau mit Chiton und shawlartigem Ueberwurf ihm l. darreicht, während sie die R. hinter dem Gewand verbirgt.
- B. Zwei Epheben im Mantel, der zur L. mit einem Stabe.

Creuzer, Privatantikensammlung p. 46, Verzeichniss p. 21 (nr. 3).

127 [1483] **Oxybaphon** mit rothen Figuren. H 22. D 24.

- A. Nackter Ephebe, die Chlamys shawlartig über den Armen und ihr eines Ende mit der R. erfassend, l. den Thyrsos, der mit einer Tänie geschmückt ist. Vor ihm steht eine langgewandete Frau mit Armbändern und Halsperlen; r. hält sie ihm die kannellirte Phiale entgegen, l. einen Krug. Hinter ihr eine Tänie, zwischen beiden die palästrische Pflanze.
- B. Zu beiden Seiten eines Pfeilers mit Basis eine Mantelfigur. Die eine streckt die entblösste R. aus.

Creuzer, Verzeichniss p. 22 (nr. 12).

128 [1494] **Kyathis.** H 10. D 7, 4.

Oben ein Kranz von rothen Epheublättern.

Creuzer, Privatantikensammlung p. 49 (i).

129 [1491] **Oxybaphon** mit rothen Figuren. H 26. D 28.

- A. Nackter Jüngling, der, r. den Kranz, l. die kannellirte Phiale, zu einer Ara eilt. Hinter ihm steht eine Pflanze.
- B. Langgewandete Frau, mit Halsperlen und Armspangen, in eilendem Lauf. Die R. hat sie ausgestreckt, l. trägt sie ein Tympanum. Zu beiden Seiten Pflanzen.

Creuzer, Verzeichniss p. 22 (nr. 11).

130 [1485] **Vaso a tromba** mit rothen Figuren. H 49, 8. U 57, 5.

A. In der Mitte eine hohe Grabstele mit Basis, von einer schwarzen und weissen Binde bekränzt; oben liegen Früchte. Zur L. steht ein nackter Jüngling mit Schnürstiefeln, die Füsse übereinandergeschlagen und, wie es scheint, an einen Pfeiler gelehnt, über dem seine Chlamys hängt; in den Haaren trägt er die blumenbesteckte Binde, r. eine Traube, l. die Phiale. Im Feld Blumen. — Auf der andern Seite sitzt ein nackter Ephebe (mit demselben Schmuck) auf seiner Chlamys, den Kopf nach dem Grabmal gewandt, r. ein Tympanum, l. das Fruchtkästchen mit der Traube haltend. Im Feld ein Ephenblatt und eine Tänie.

B. Sich zugekehrt zwei Epheben im Mantel, eine Binde im Haar und auf den Stab gestützt. Ueber ihnen das palästrische Kästchen.

Um die Henkel Palmetten.

Creuzer, Verzeichniss p. 22 (nr. 5).

131 [1486] **Vaso a tromba** mit rothen Fig. H 52. U 57.

A. Hohe Stele auf einer Basis, mit schwarzer und weisser Binde, oben mit Früchten geschmückt. Zur L. sitzt eine beschuhte, langgewandete Frau mit Armspangen, Halsperlen und Kopfbinde, r. ein offenes Kästchen, l. das Tympanum haltend. Im Feld ein Spiegel. — Auf der andern Seite ein nackter Jüngling mit Schnürstiefeln und der Chlamys über der Schulter. Im Haar trägt er eine blumenbesteckte Binde, r. eine Traube; den r. Fuss hat er auf einen Stein gestellt, während sich der l. Arm, in dem er einen Spiegel hält, auf den Knotenstock stützt. Im Feld ein Ephenblatt.

B. Zwei Mantelfiguren mit Stäben, beide sich zugekehrt. Oben das Kästchen.

Um die Henkel Palmetten.

Creuzer, Verzeichniss p. 22 (nr. 6).

X. Grosser Tisch

Links vom Eingang. Nr. 132—185.

(Frommelsche Sammlung, nr. 132—145).

132 [2252] Lekythos aus BAIAE mit schwarzen Figuren. H 12. U 17.

Eine Mantelfigur lenkt die Quadriga. Zur Seite geht ein Mann (Apollon) der die Kithar spielt, und vor ihm ein andrer ohne Attribute. Rebzweige verbreiten sich über die Gruppe, vor der auf einem Okladias mit einwärts gehenden Füssen wieder eine Mantelfigur sitzt.

Die Zeichnung ist sehr beschädigt, die Vase selbst zerbrochen.

133 [ohne Nr.] Patera mit rothen Figuren. H 5, 6. D 15, 8.
J. Auf einem weissgemalten jonischen Capitell sitzt eine Frau, beschuht, im langen Aermelchiton mit reichem Kopfputz, Ohrgehänge und doppeltem Perlencollier. Die L. verbirgt sie im Gewand, r. hält sie zwei in einander gestellte Schalen mit Früchten und einem Salbenfläschchen. Im Feld Blüthenzweig, Blumen und zwei Tänien.
U. a) Auf einem Steinsitz eine Frau mit üblicher Gewandung und Schmuck, r. den Spiegel, l. ein Kästchen. Vor ihr eine Tänie, hinten eine Blume.

b) Nackter geflügelter Hermaphrodit auf einem Steinsitz. Er trägt Kopfschmuck, Armspangen, Perisphyrien und Perlschnüre um Hals und Schulter; r. eine Phiale, worauf ein blühender Zweig liegt. Im Feld Tänie und Blumen.

134 [2274] Vaso a colonnette aus APULIEN, mit rothen Figuren. H 45. D 31.
A. Auf einem Steinsitz, worauf er die L. stützt, ist ein nackter geflügelter Hermaphrodit mit Arm- und Beinspangen, weissgemalten Schuhen und Perlschnüren um Hals, Brust und Oberschenkel. In der R. hält er ein Tympanon. Vor ihm steht eine beschuhte Frau in Chi-

ton und Mantel, mit Kopfschmuck, Armspangen und Halsperlen, l. eine Blumenguirlande, r. einen langen blühenden Zweig. Zwischen beiden hängt eine Tänie.

B. Zwei Jünglinge im Chiton, eine Binde in den Haaren, die R. auf den Stab gestützt. Zwischen beiden ein künstlich bearbeiteter Pfeiler; oben das Kästchen, in den Ecken Palmetten.

135 [2255] Kylix mit Deckel und rothen Figuren. H 15, 5. D 20.

Auf dem Deckel. a) Nackter (diebischer?) Satyr, eine Perlschnur um die Brust, in gebückter Stellung, dabei den Kopf ängstlich nach rückwärts gewandt. — Im Feld Blumen und Palmetten.

b) Schwan.

136 [2273] Vaso a colonnette aus APULIEN; mit rothen Figuren. H 43. D 31.

A. Auf einem Steinsitz eine weissbeschuhte Frau im ärmellosen Chiton mit Gürtel, Kopfputz, Ohr- und Halsperlen. Der Mantel hängt über ihrem l. Arm, in dem sie einen langen blühenden Zweig trägt, r. Phiale und Traube. Vor ihr steht wieder der nackte Flügelhermaphrodit, weissbeschuht, mit dem gewöhnlichen Kopfputz und Perlenschmuck, l. das Tambourin, r. einen Kranz tragend. Oben hängt ein Kadiskos; im Feld Pflanzen und Laubwerk.

B. Zwei Mantelfiguren, die eine mit dem Kästchen; zwischen ihnen die palästrische Pflanze. In den Ecken Palmetten.

137 [ohne nr.] Kleiner Lekythos mit rother Zeichnung. H 6.
Palmette.
Roh.

138 [2256] Kyathis mit rothen Figuren. H 10. D 9.
Frauenköpfe zwischen Palmetten.
Roh.

139 [2238] Kleine schwarze Hydria aus HERCULANUM. H 11, 8.

140 [2265] Schwarzer Aryballos mit Cannellüren. H 8.

141 [ohne nr.] Schwarzes Holkion mit rothem Fuss. H 5, 4.

142 [2241] Ein grösseres aus HERCULANUM. H 5, 5. D 8, 5.

143 [2242] Schwarzes Henkelgefäss (Jahn Fig. 84) aus HERCULANUM H 9, 4. U 35.

144 [2250] Rother, schwarzkarrierter Lekythos aus BAIAE. H 16, 5.

145 [2251] Schwarzer Lekythos mit rothem Hals aus BAIAE. H 14, 5.

146 [58, gedr. Catalog Nr. 21] Amphora aus NOLA mit rothen Figuren. H 32, 5. U 56.

   A. Flügelpferd im Lauf. Inschrift: $NIKON\Delta A\Sigma\, KA\Lambda O\Sigma$ ($N\iota\kappa\omega\nu\delta\alpha\varsigma\,\kappa\alpha\lambda\acute{o}\varsigma$).

   B. Ephebe, mit dem Mantel bekleidet; er sieht sich im Schreiten nach der Figur der Vorderseite um, vor der er erschrocken zu fliehen scheint.

     Gerhard, arch. Anzeiger 1851. p. 34 (nr. 15).

147 [61½] Candelaberförmige Amphora (incensiere) mit rothen Figuren. H 36, 5. U 26.

   A. Ein hermaphroditischer Flügelknabe in vollem Lauf; er ist nackt, aber beschuht und mit dem üblichen weiblichen Perlenschmuck um Hals, Brust und Oberschenkel versehen. L. trägt er den Kadiskos, r. eine Schale mit Blumen und Früchten.

   B. Langgewandete geschmückte Frau, gleichfalls in eiligem Lauf, l. einen Kranz, r. den Spiegel.
   Im Feld Blumen.

148 [60] Hydria mit rothen Figuren. H 31, 8. U 57.
   Reichgeschmückter Frauenkopf mit grossem, goldenem Ohrgehänge. Im Feld eine Tänie. Hinten Palmetten.
     Gerhard, arch. Anzeiger 1851. p. 36 (nr. 26).

149 [57] Hydria mit rothen Figuren. H 31, 2. U 58.
   Reichgeschmückter Frauenkopf. Im Feld Blumen. Zur Seite und hinten Palmetten.

150 [55] Kyathis mit rothen Figuren. H 14, 2. D 15, 2.
   Auf jeder Seite eine Mantelfigur.
   Palmetten um die Henkel.
   Rob.

151 [1025] Lekythos mit rothen Figuren. H 11, 8.
   Nackter Flügelknabe, in beiden Händen einen Zweig haltend.

152 [ohne Nr.] Grosse Phiale mit Fuss und Henkeln. Rothe Figuren. H 13. D 34.

J. Ein nackter Ephebe, der in eiligem Lauf hinter sich blickt. Er ist mit Helm, rundem Schild und Lanze bewaffnet. (Der Oberkörper verzeichnet.)

U. a) Jüngling, nackt bis auf die Chlamys, die er über die Arme gebreitet hat, l. eine Gerte. Er hält ein rückwärts schauendes Pferd am Zügel; hinter ihm thut ein zweiter Jüngling, r. die Gerte, aber ohne Chlamys, dasselbe. Beide haben einen Kranz im Haar.

b) Ein Krieger, mit dem runden Schild, Helm und Wehrgehenk bewaffnet, aber schon ins Knie gesunken, schwingt die Lanze gegen seinen Feind, der mit ausgeschnittenem Schild, rundem buschlosem Helm, Wehrgehenk und Beinschienen, den erhobenen Speer in der R. auf ihn eindringt. Hinter der Gruppe sind zwei Krieger sichtbar, in derselben Bewaffnung wie der erste, die Chlamys um die Hüften gewickelt. Der eine erhebt gleichfalls die Lanze, während der andere nach rückwärts schaut.

Um die Henkel Palmetten und Blumen.

153 [1028] Lekythos mit rothen Figuren. H 8.
Schwan mit ausgebreiteten Flügeln (roh).

154 [1012] Lekythos mit rothen Figuren. H 9, 3.
Liegende Sphinx, die l. Tatze erhebend.

155 [1023] Aryballos mit rothen Figuren. H 9, 6.
Schwan (rohe Zeichnung).

156 [1038] Aryballos mit weissem Bild. H 8.
Vogel.

157 [61] Rohe Kyathis mit rothen Fig. H 13, 8. D 17, 2.

A. Langgewandete Frau, in beiden Händen eine Spindel haltend. Vor ihr ein Jüngling, gleichfalls in langer Bekleidung, r. eine Schale, l. den Stab.

B. Frau mit Spindel, Jüngling mit Schale und einem in drei Pyramiden gezackten Backwerk.

Um die Henkel Palmetten.

158 [1019] Kleine Hydria mit rothen Figuren. H 11, 4.
Frauenkopf (roh).

159 [1011] Lekythos mit rother Palmette. H 8, 6.

160 [1026] Kleine **Amphora** mit rothem Bild. H 10.
A. B. Geschmückte Frauenköpfe. (Roh).

161 [219] Schwarze **Kyathis** mit weissaufgemalten Blumenrispen. H 8,6

162 [218] **Kotyle** mit Traubenguirlande. H 8, 2.

163 [1042] Schwarze **Oinochoe** mit cannellierter Wölbung. Am Hals ein gelbgemalter Kranz. H (im Ganzen) 12, 5.

164 [47] Eine rohe **Büchse** (H 4, 5. D 9) mit Deckel, dessen Rand fast den Boden des Gefässes erreicht. An der Seite wenige Bemalung.

165 [48] Flache runde **Schüssel** mit Henkel und übergebogenem Rand. H 5, 6. D 14. Die Technik wie bei Nr. 164; Bemalung nur durch rothe Streifen und Laubwerk angedeutet.

166 [49] Candelaberförmiger **Untersatz eines Holmos** (Gerhard, antike Bildwerke, Fig. 26) mit roth aufgetragenen Ornamenten. H 23, 5.

167 [50] Eine aus drei Büchsen (mit Deckeln; D 11) zusammengesetzte **Caraffine**, in der Mitte von einem 17, 5 hohen Henkel überragt. Auf weissem Grund sind rohe schwarze Verzierungen aufgetragen.

168 [1290 früher 568] **Kylix** aus VOLCI; (schwarze Fig. auf weissem Grund). H 7, 1. D 18.
J. Eine weiss auf schwarz gemalte bärtige Maske.
U. Auf jeder Seite sitzt ein bärtiger Mann [Dionysos] im langen gestreiften Mantel auf einem Okladias, l. ein Trinkhorn, als Kopfbedeckung eine mit Früchten bekränzte Mütze. — R. und l. davon ein grosses Thierauge, von Trauben und Weinlaub umgeben.
Sehr alterthümlich.

169 [53] Bauchiges orientalisierendes **Henkelgefäss** (Jahn Fig. 84). H 15, 2. U 51, 5. Die Figuren schwarz und roth auf weissem Grunde.
Unterer Kranz: Ein Schwan zwischen zwei Panthern und zwei grasenden Steinböcken.
Obere Reihe: Sirene; dann eine Gans zwischen zwei Panthern.

170 [51] Grosser orientalisierender **Aryballos** mit rothen und schwarzen Fig. auf weissem Grunde. H 14. U 45. Die Mündung roth.
Panther und grasender Steinbock.

171 [54] **Olpe** in orientalischem Stil mit schwarzen und rothen Figuren auf weissem Grunde. H 29, 6. U 53.

Oberer Kranz: Löwe zwischen zwei grasenden Steinböcken.

Mittlerer: Löwe und grasender Steinbock folgen sich zweimal, darauf ein Reiher.

Unterer: Zwischen drei grasenden Steinböcken zwei Löwen und ein Reiher.

172 [45] Lekythos orientalischen Stils mit runder Wölbung (gelbrothe Figuren auf weissem Gr.) H 18, 5. U 31.

Sechs auteinander folgende Sirenen.

Auf der oberen Fläche des Gefässes: zwei desgleichen.

173 [46] Grosse orientalisierende Oinochoe mit braunrothen Figuren auf weissem Grunde. An der Mündung räderförmige Verzierungen. H 45. U 92.

Steinbock zwischen zwei Panthern. Darauf ein Panther mit offenem Rachen und ein Steinbock, auf dessen Rücken ein Schwan sitzt.

Die Gestalt des Gefässes wie bei Canina architettura greca Taf. 168, 1.

174 [215] Ein unten zugespitzter Lekythos mit orientalisirend schwarzen und rothen Verzierungen auf weissem Grunde.

175 [52] Ein eigenthümliches Gefäss oriental. Stils von grosser Wölbung (U 1 m. 14) mit Henkeln (L 7, 6) und einer tromba die sich von 41 centim. bis zu 99 auslädt. H im Ganzen 35.

Die Bemalung besteht aus rothen und dunkelvioletten Bandstreifen, die sich oft gegenseitig unterbrechen; am innern Rand der tromba sind ausserdem vier weisse Halbmonde freigelassen.

176 [1047] Schwarzer Askos in ovaler Form. L 14. B 6, 5.
177 [ohne Nr.] Schwarzer, in der Mitte durchbohrter Askos. H 7.
178 [1050] Balsamar in Form eines ruhenden Löwen. L 10. H 9. B 2, 8.
179 [1029] Rother, aber schwarzkarrirter Lekythos. H 10.
180 [1038 b] Kannellirter schwarzer Aryballos. H 6, 4.
181 [ohne Nr.] Schwarzer Aryballos mit beweglichem Deckel. H 6, 5.
182 [1039] Schwarzer Guttus (Jahn Fig. 21). H 8, 6.

183 [1044] Kannellirte Oinochoe mit flacher tellerförmiger Mündung. H 7, 7. D 6 (der Mündung 7, 8).

184 [1040] Kyathis mit kannellirtem Bauch. Am Halse weiss und gelbaufgemalte Trauben. H 7, 2.

185 [1292] Schwarze Kyathis; auf dem Henkel ein Schlangenkopf in Hautrelief. D 11, 2.

XI. Grosser Tisch

Links vom Eingang. Am Boden Nr. 186—191.

186—187 Zwei unten zugespitzte Weingefässe; am Hals je zwei kleine Henkel. H 62 und 78.

188 [137] Schwarze patera con maniche; im Innern als Verzierung rothaufgemalte Blumenkelche. D 19.

189 [136] Kotyle mit rothen Figuren. H 12.
Palmetten.

190 [132] Kotyle mit rother Zeichnung. H 11. D 12, 5.
Kranz von Olivenblättern. Oben Mäanderverzierung.

191 [131] Schwarze Kotyle mit kannellierter Wölbung. H 11. D 13.

XII. Grosser Tisch

Links vom Eingang. Tablette Nr. 192—211.

192 [238] Candelaber mit rothen Figuren. H 25.

Nackter geflügelter Hermaphrodit auf einem Steinsitz, den Kopf nach r. gewandt. Er trägt Diadem und Haube mit fliegenden Bändern, ausserdem den gewöhnlichen (aber überladenen) Perlenschmuck und sieben Knöchelspangen. In der R. hält er einen Korb, l. ein Kästchen mit Henkeln und den Kadiskos.

Gerhard, arch. Anzeiger 1851 pag. 33.

193 [228] Kantharos mit rothen Fig. H und D 10, 8.
A. Eule.
B. Arabesken.

Gerhard, arch. Anzeiger 1851 pag. 37 (nr. 38). — Vergl. Ross archäol. Aufsätze I. Taf. 9, 3. pag. 139.

194 [230] Roher Lekythos ohne Henkel, mit rothen Figuren. H 12. Frauenköpfe.

195 [239] Becher mit oben eingebogenem Rande und rothen Figuren. H 6, 2. D 8, 6.
    A. und B. Behaubte Frauenköpfe.
    Sehr roh.

196 [240] Ein gleicher mit Deckel und denselben Zeichnungen.

197 [248] Kylix mit Deckel und rothen Figuren. H 16, 2. D 16, 5.
    Auf dem Deckel: a. b. Geschmückte Frauenköpfe.

198 [242] Orientalisirende Olpe mit rothen und schwarzen Figuren auf weissem Grunde. H 28.
    Reiher zwischen zwei Phantasiethieren mit Vogelkopf und Flügeln.

199. 200 [243. 252] Schlanke schwarze Oinochoen. H 15, 5 und 28.

201 [234] Eine gleiche (H 21, 8); an der Mündung radförmige Verzierungen.

202 [241] Oinochoe mit roth aufgemalten Palmetten und Mäandern. H 11.

203 [250] und 204 [251] Rohe kannellierte Oinochoen. H 8, 8 und 16, 2.

205 [233] Dunkelrother Aryballos. H 10, 2.

206 [227] Schwarze Kyathis, mit wenig weissen Blüthenrispen bemalt. H 9, 3.

207—209 [222. 224. 225.] Kotylen, mit aufgemalten Traubenguirlanden; die letztere hat eingebogenen Rand. H 6, 8—8, 4.

210 [235] Patera senza maniche mit roher Bemalung. D 13.

211 [229] Eine ähnliche (H 5, 4. D 13); am Rand zwei Kränze weisser und gelber Perlen.

XIII. Zweiter Tisch

Rechts vom Eingang [1]). Nr. 212—238.

212 [103] Krater mit rothen Figuren. H 31, 5. D 32.
    A. Nackter, geflügelter Hermaphrodit im gewöhnlichen

---

[1]) Hier befinden sich auch [105—106] zwei Korkmodelle griechischer Grabmäler mit Wandmalereien, die über die ursprüngliche Bestimmung des grössten Theiles unsrer Vasen genügenden Aufschluss geben. Welche Gräber speciell hier nachgebildet wurden, konnte ich nicht mehr ermitteln.

Schmuck, l. ein Kästchen, r. den Kadiskos an den Henkeln haltend. Hinter ihm eine langgewandete und beschuhte Frau mit Kopfputz und Armspangen, l. die Fruchtschale mit einer Binde, r. einen Kranz haltend. Beide sind in eilender Bewegung. Oben hängt eine Tänie, im Feld Phiale und Blume.

B. Zwei Epheben im langen Chiton, mit Kopfschmuck und Stäben; dazwischen die palästrische Pflanze, oben ein Kästchen und runde Fensteröffnungen.

213 [98] Oinochoe mit rothen Fig. H 23. U 46.
Ein nackter Ephebe, die Chlamys über dem l. Arm, eilt zu einer kleinen Ara, r. einen Korb am Henkel tragend, l. einen langen Blüthenzweig, von dem eine Tänie herabflattert. Oben eine Binde; im Feld Blumen.

214 [97] Kylix mit senkrecht auf dem Rand aufsitzenden Henkeln (rothe Figuren). H 7, 7. D 30.
J. Auf geschmücktem Steinsitz, hinter dem eine Kanne steht, sitzt ein nackter geflügelter Hermaphrodit in üblichem Schmuck, r. eine Phiale, während er die L. auf den Sitz gelegt hat. Im Feld Blumen.
Sehr roh.

215 [96] Oxybaphon, rothe Figuren (mit weiss und gelb). H 27, 5. D 30, 5.
A. Nackter Ephebe, mit Collier und früchtebesteckter Stirnbinde, in eiligem Lauf. Er hat die Chlamys über dem l. Arm, r. einen langen Blüthenzweig, l. Kranz und Fruchtschale, aus welcher Weinlaub hervorragt. Hinter ihm eilt eine Frau im langen ärmellosen Faltenchiton, (mit dem gewöhnlichen Schmuck), r. eine Blumenguirlande, l. ein Kästchen mit Trauben. Am Boden eine Pflanze, oben gleichfalls eine grosse Traube.

B. Zwei Epheben im langen Chiton. Zwischen ihnen die palästrische Pflanze, oben Kästchen und Fensteröffnungen. Um die Henkel Palmetten.

216 [94] Oinochoe mit rothen Figuren. H 23. U 45.
Nackter geflügelter Hermaphrodit mit Kopfschmuck, Perlschnüren, Armspangen und Perisphyrien. L. trägt er

eine gefüllte Phiale, r. das Tympanon. Vor ihm steht eine Ara mit brennendem Opferfeuer; über und neben ihr sind Tänien aufgehängt.

217 [89] Oxybaphon mit rothen Fig. H 28. D 28, 5.

A. Langbekleidete Frau mit Armspangen und Halsperlenschmuck, l. eine Phiale mit Früchten, r. einen Spiegel haltend. Während sie nach der l. Seite hin eilt, blickt sie zurück nach einem nackten Epheben, der r. eine Tänie, l. den Kadiskos trägt. — Im Feld ein Epheublatt.

B. Zwei Palästriten sich zugekehrt, im langen Chiton. Der zur R. ist auf einen Stab gestützt. Oben ein rundes Fenster.

Um die Henkel Palmetten.

218 [83] Oxybaphon mit rothen Figuren. H 35. D 34.

A. Auf einem Steinsitz ein nackter geflügelter Hermaphrodit im üblichen Schmuck, r. die Tänie, l. die Traube und Fruchtschale. Unten eine Blume. — Vor ihn tritt eine geschmückte, langgewandete Frau, die ihm r. den Kranz entgegenhält, l. ein Tuch, Traube, Schale und Kästchen trägt. — Zwischen beiden steht eine Blüthenrispe; im Feld Tänie und zwei quadratische Fenster[1]).

B. Mantelfiguren mit Stäben; oben das palästrische Kästchen und Fensteröffnungen.

219 [104] Kylix mit rothen Figuren. D 14, 5.

J. Nackter Ephebe mit Stirnbinde, die Chlamys über dem Arm, l. einen langen Blüthenstengel, r. Fruchtschale und Binde.

Im Feld Blumen.

U. Zwei geschmückte Frauenköpfe.

220 [ohne Nr.] Zerbrochner Lekythos mit rothen Figuren. H jetzt 7.

Eine geflügelte behaubte Frau im langen Chiton, r. eine Fackel tragend, tritt vor eine Arula.

---

[1] Solche auch bei Millin gal. mythol. Taf. 136b (nr. 500). Peintures de vases II. 26 und anderwärts sehr häufig.

221 [90] Teller mit rothen Figuren. D 20.
 Drei Seefische. (Vergl. Nr. 44).
 Roh.

222 [85] Oxybaphon. H 24. D 31. Auf schwarzem Grunde ein Kranz weiss und gelb gemalter Trauben. Die Henkel stellen Löwenmasken dar.

223 [ohne Nr.] Oxybaphon. H 15, 6. D 15.
 A und B. Rothgemalte, geschmückte Frauenköpfe von sehr roher Technik.

224 [87] Oinochoe. H 28, 5. U 60.
 Rother Kranz von Olivenblättern.

225. 226 [1067. 1068] Zwei Amphorae mit rothen Figuren. H 11, 8 und 16.
 A. B. Geschmückte Frauenköpfe.
 Sehr roh.

227—229 [99. 84. 95] Teller mit rothen Figuren. D 16, 5—18.
 J. Geschmückter Frauenkopf.

230—232 [92. 93. 88] Paterae mit Fuss. D 21—23.
 Geschmückte Frauenköpfe (rothe Figuren) zwischen Palmetten und Blumen.
 Roh.

233 [1056] Schwarze Kotyle (H 5, 2. D 8) mit weiss aufgetragenen Epheukränzen.

234 [86] Schale auf drei Füssen; aussen einige rohe Verzierungen. H 6, 6. D 16.

235 [91] Becher mit Deckel (H im Ganzen 27, 5. D 19). Aussen Ornamente von braunrother Farbe.

236 [106a] Schwarzer Becher mit Deckel (H 16, 5. D 27); auf letzterem ein Kranz von Epheublättern und Früchten; auf dem Becher Traube und Weinlaub (von gelber Farbe).

237 [1080] Offner Guttus mit übergespanntem Henkel. H 7, 5.

238 [1072] Schwarzer Guttus, oben durchlöchert. H 6.

XIV. Zweiter Tisch

Rechts vom Eingang. Am Boden. Nr. 239—242.

239 [164] Kleine **Amphora** mit Räderhenkeln (rothe Fig.) H 13.
- A. Ephebe auf sprengendem Ross und mit eingelegter Lanze in der R. Er trägt den ausgeschnittenen Petasos und die Chlamys über der an Aermeln und Beinkleidern erkennbaren phrygischen Tracht.
- B. Ein Reiter mit Wehrgehenk und geschwungener Lanze, in karrirter phrygischer Gewandung; der Figur der Vorderseite zugekehrt.

240 [165] Orientalisierendes **Balsamar** mit rothen und schwarzen Figuren auf weissem Grunde. H 8, 4.
 Panther und eine durch 6 Flügel gebildete rosettenartige phantastische Verzierung.

241 [155] **Oinochoe**. H 17.
 Am Hals mäanderartige Verzierungen und weiss und gelb gemaltes Reblaub.

242 [158] **Oinochoe** mit einem (rothen) Kranz von Oelblättern. H 15.

XV. Zweiter Tisch

Rechts vom Eingang. Tablette. Nr. 243—256.

243 [329] **Kantharos** mit weissen Figuren (nebst roth und gelb). H 9, 4.
- A. Springender Hase.
- B. Traubenguirlande.

244 [337] **Lekythos** mit rothen Figuren. H 15, 2.
 Zwischen Pflanzen sitzt eine, auch unterwärts mit dem Himation bekleidete Frau, r. den Spiegel, l. einen Kranz haltend.
 Die Umrisse sind eingekratzt.

245 [343] Orientalisierender **Aryballos** mit schwarzen und rothen Figuren auf weissem Grunde. H 12. U 34.
    Reiher und ein aus Muscheln gebildetes phantastisches Ornament.

246 [326] **Kotyle**. H 7, 2.
    Rother Kranz von Mäandern und Olivenblättern.

247 [345] **Oinochoe** mit übergespanntem Henkel und schwarzen Zeichnungen. H 20 (mit Henkel 26).
    Kränze von Arabesken, Thieraugen, Laubwerk u. s. w.

248 [350] Apulischer **Stamnos** (ohne Deckel) mit gelbrothen Figuren. H 12.
    A. B. Behaubte Frauenköpfe.
    Roh.

249 [330] Grosse **Kyathis** mit senkrechtstehenden blattartigen Henkeln. H 18, 8. D 15, 8.
    Zwischen Palmetten geschmückte Frauenköpfe (hellroth auf dunkelroth).

250 [334] **Patera** mit Deckel (der aber schwerlich dazu gehört) und rothen Zeichnungen. H u. D 9, 6.
    Auf dem Deckel: a. Frauenkopf mit Schmuck.
        b. Rosette.

251 [338] **Schale** mit Deckel (rothe Figuren). H 14. D 10, 2.
    Geschmückter roher Frauenkopf.

252 [339] **Schale** mit Deckel (rothe Fig.) H 13. D 9, 4.
    A. B. Behaubte Frauenköpfe.

253 [352] **Lekythos** mit gelbrothen Figuren. H 14.
    Behaubter Frauenkopf.
    Roh.

254 [335] **Oinochoe**. H 20. Am Hals Weinlaub in gelber, rother und weisser Farbe.

255 [325] Schwarze **Oinochoe** mit cannellirter Wölbung. H 28.

256 [alte Nr. 216] **Kantharos** mit rothen und weissen Arabesken. H 10, 8. D 12.

XVI. Erster Tisch

Rechts vom Eingang. Am Boden.

257 [Nr. fehlt] Rohe Oinochoe mit grauen Arabesken von Laubwerk. H 20, 8.

XVII. Erster Glasschrank.

Links vom Eingang. Nr. 258—291.

Erstes Fach. Nr. 258—270.

258 [1275] Orientalisirendes Balsamarium aus SICILIEN mit schwarzen und violetten Figuren auf weissem Grunde. H 13.

Sitzende Sphinx, den hohen Polos auf dem Haupte, mit ausgebreiteten Flügeln. Hinter ihr ein Schwan.

Eine Serie von Lekythoi in der H von 7, 4—12, 5.

Darunter zeichnen sich aus:

a) Mit schwarzen Figuren.

259 [549] Schwan.
260—261 [554. 563] Palmetten.

b) Mit rothen Figuren.

262 [551] Behaubter Frauenkopf. Ihm zugewandt ein Vogel. Sehr roh.
263 [562] Lockiger Frauenkopf.

c) Nur durch die Form sind bemerkenswerth:

264 [545] Weisskarriert (ohne Henkel).
265 [546] Rothkarriert (ohne Henkel).
266 [565] Schwarzkarriert.
267 [564] Roh, mit schwerfälligen Cannellüren.
268 [560] Schwarz (ohne Henkel) mit rohen Verzierungen.
269—270 [553. 555] Cannelliert, mit Seitenhenkeln.

Drittes Fach. Nr. 271—279.

271 [649] Orientalisierendes **Balsamar**. H 7. (Roth und schwarz auf weissem Grunde).
    Schwan mit ausgebreiteten Flügeln.

272 [647] Orientalisierendes **Balsamar**. H 5, 2.
    Heuschrecken, zu phantastischen Arabesken verwandt.

273 [608] und 274 [609] Orientalisirende **Kotylen** (D 5, 2) mit schwarzen Fig. von ausserordentlich leichter und zierlicher Arbeit.
    273 hat A einen Panther.
    B eine Hindin.
    274 Vier Schwäne mit ausgespannten Flügeln.

275 [496] Orientalisirende **Büchse**. D 9, 5.
    Vögel (roth und schwarz auf weissem Grunde).

276 [648] **Balsamar** (H 7) mit gelben, blauen und grünen Arabesken, im Stile des von Stackelberg, Gräber der Hellenen Taf. 55, 2 abgebildeten Gefässes.

277 [619] **Guttus** in Form eines Kranzes. D 9, 6.

278 [621] Zierliche schwarze **Oinochoe** (H mit Henkel 10).

279 [605] **Kotyle**. D 7, 6.
    A. Rothe Arabesken.

Viertes Fach. Nr. 280—291.

280 [662d] **Askos**. D 7, 5.
    a. Panther.
    b. Gans.

281 [871] **Patera** mit Fuss. D 10.
    U. Geschmückter Frauenkopf (rothe Fig.)

282 [567] **Patera** mit Fuss. D 13.
    U. Zwei behaubte Frauenköpfe.
    Sehr roh.

283 [874] **Patera** mit schwarzen Figuren. D 7.
    Palmette.

284 [894] **Kylix** mit Deckel. D 9 (rothe Fig.)
    Zwei rohe Frauenköpfe.

285 [877] und 286 [882] Zwei **Tellerchen** (D 10) mit hellrother Bemalung.

287 [883] **Amphora** mit rothen Figuren. H 6, 5.
    A. B. Palmetten.

288 [884] **Amphora** mit rothen Figuren. H 6, 5.
A. Palmette.
B. Arabesken.

289 [865] **Balsamar.** H 7, 2.
Röthliche Arabesken auf gelbem Grund.

290 [868] **Kotyle** mit gelber Traubenguirlande. H 11.

291 [605] Eine gleiche mit rothen Verzierungen. H 5, 2.

XVIII. Zweiter Glasschrank.

Rechts vom Eingang. Nr. 292—297.

Erstes Fach.

292 [592] **Patera** mit Fuss. D 8, 6.
U. Zwei geschmückte Frauenköpfe.

Zweites Fach. Nr. 293—295.

293 [732] und 294 [580] **Paterae** mit Fuss. D 9, 4 und 18.
U. Frauenköpfe.

295 [583] **Schüssel**, weiss mit schwarzen Streifen. D 14.

Drittes Fach. Nr. 296—297.

296 [744] Orientalisierendes **Balsamar.** H 6, 8.
Heuschrecken (wie Nr. 272.)

297 [742] **Lekythos** mit rothen Figuren. H 5, 6.
Zwerghafte Frau im Aermelchiton und Mantel, r. eine Binde ausstreckend.

XIX. Saal der griechischen Waffen.

Nr. 298—301.

298 [2149, früher Nr. 805] Alte volcentische **Amphora** mit schwarzen Figuren auf gelblichem Grunde. H 22, 5. U 50.

A. Zur L. eine langbekleidete Frau, welche mit rother Haarbinde geschmückt ist und l. einen Stab trägt. Neben ihr steht ein mit Beinschienen, Helm, Lanze und rundem Schild gerüsteter Krieger, den Kopf nach einer zweiten langgewandeten Frau gekehrt, die hinter ihm auf einem Klappstuhl (mit einwärts gekehrten Füssen) sitzt, r. einen Stab hält und sich ihrerseits nach einem Krieger umsieht, der, in gleicher Bewaffnung wie der erste, hinter ihr steht.

B. Eine Frau in langer Gewandung lenkt, r. die Gerte haltend, ein rennendes Viergespann. Daneben und ihr zugekehrt steht ein Krieger mit Helm, rundem Schild, Beinschienen und Lanze; und hinter diesem, aber von den Pferden fast verdeckt ein bärtiger Bogenschütze mit Kriegshaube und gestickten Hosen. (Sein Fuss stark verzeichnet).

Die Umrisse eingeritzt.

Das Incarnat der Frauen schwarz; Metall der Waffen und die Kleidersäume von dunkelstem Purpur.

Am Hals und um die Henkel Palmetten.

Der Firniss sehr beschädigt.

299 [1420; früher 806] Alte volcentische Amphora mit schwarzen Figuren auf gelblichem Grunde. H 22, 5. U 50.

A. Eine mit Beinschienen und Wehrgehenk bewaffnete Amazone besteigt, die Gerte in der R. und mit dem l. Fusse voran, eben das Viergespann. Zur Seite steht, ihr zugekehrt, ein Krieger mit Helm, rundem Schild und Lanze. Hinter diesem ist wieder eine Frau in gesticktem und mit einer purpurnen Borte verbrämtem Mantel sichtbar. Vor den Pferden sitzt eine Mantelfigur auf einem Lehnstuhl mit einwärtsgehenden Hirschfüssen.

B. Zur L. stehn, sich zugewandt, eine langbekleidete Frau mit rother Binde im Haar und einem Scepter in der R.; und ein mit Beinschienen, Helm, Lanze und rundem Schild bewaffneter Krieger. Hinter dieser Gruppe steht zunächst wieder ein bärtiger Krieger mit enganliegenden, gestickten Hosen, Kriegshaube, aufgeschlagenem Köcher, und dem Bogen auf dem Rücken. Die L. hat er in die Hüfte gestützt, während er r. ein Messer hält und den Kopf nach einer auf dem Okladias (mit einwärtsgehenden Füssen) sitzenden, langbekleideten Frau wendet, die, eine rothe Binde im Haar, l. einen Stab hält.

Die Umrisse eingeritzt.

Das weibliche Jncarnat ist bei der geringen Technik des Bildes schwarz; das Metall der Waffen und die Kleidersäume von Purpur.

Palmetten an Hals und Henkeln.

Aehnlich wie B eine archaische Amphora in München (Jahn 620).

300 [2086; früher Nr. 886] Oxybaphon aus APULIEN mit rothen Figuren. H 31. D 32.

A. In der Mitte ein nackter Ephebe mit Wehrgehenk, die l. Hand offen, die R. auf einen Speer gestützt, während der Schild an seinem Körper lehnt. Er steht einer langbekleideten, mit der Stephane geschmückten Frau zugewandt, die ihre L. in die Hüfte stemmt, r. ihm eine Phiale entgegenhält. Hinter ihm ein nackter Jüngling, l. den Speer, die R. ausgestreckt. Man deutet auf Orestes und Pylades bei Electra, doch ganz ohne Wahrscheinlichkeit.

B. Drei Palästriten im Mantel, der mittlere ohne Stab.

301 [804; früher 562] Grosse Hydria aus VOLCI, selten weil ohne Bemalung, nur an den Seitenhenkeln mit Epheublättern (schwarz auf roth) geschmückt. Der Firniss glänzend und vortrefflich erhalten. H 48. U 1 m. 4.

XX. Schüler'sche Sammlung.

Nr. 302—310.

302 Lekythos mit schwarzer und weisser Zeichnung auf gelbrothem Grunde. H 13.

Eine Sirene mit ausgebreiteten Flügeln.
Archaisierend.

303 Skyphos mit rothen Figuren. H 8. D 10, 3. ATHEN.
A. B. Eule zwischen Olivenzweigen.
Sehr schön.

304 Kyathis mit Deckel und verschlungenem Henkel. Rothe Figuren. H 12, 4. D 10, 6.
Drei nackte Jünglinge mit Stirnschmuck und einem Band über der Schulter, r. eine brennende Fackel tragend, sind in vollem Laufe (Lampadedromie). Zwischen ihnen erscheinen zwei palästrische Pfeiler.
Auf dem Deckel ein Frauenkopf.

305 Kleine Hydria mit rothen Figuren. H 19, 5.
Langbekleidete Frau mit Stirnschmuck, Armspangen und Halsperlen, l. den Chiton aufhebend, r. ein kleines Tambourin. Im Feld Blumen und ein quadratisches Fenster.

306 Kyathis mit rothen Figuren. H 9, 6.
Bekleidete Frau, die den l. Arm auf einen Pfeiler mit Basis lehnt, r. ein Tympanum hält. Auf der einen Seite bringt ein Täubchen einen Kranz, auf der andern steht ein Hund. Oben hängen zwei Tänien; r. und l. Blumen.

307 Kyathis mit rothen Figuren. H 9, 4.
Nackter Hermaphrodit, mit ausgebreiteten Flügeln schwebend, r. einen Kranz, l. ein Tympanum. Zur Seite sitzt ein Hase. Im Feld Blumen.

308 Kleine Hydria mit (rothem) Frauenkopf. H 18.

309 Kylix mit Deckel, worauf zwei (rothe) Frauenköpfe. D 9, 2.

310 Lekythos, oben und unten mit braunen Palmetten verziert, in der Mitte ein schwarz und weisses schachbrettartiges Band. H 22. ATHEN.

TERRACOTTEN

Bedeutung der Chiffern

A Tisch links vom Eingang
B   „   am Boden
C   „   Tablette
D Erster Tisch rechts vom Eingang
E „   „   „   „   „ am Boden
F „   „   „   „   „ Tablette
G Zweiter Tisch rechts vom Eingang
H „   „   „   „   „ am Boden
I Oberer Tisch links
K „   „   „ am Boden
L Creuzer'sche Sammlung
M Glasschrank links vom Eingang erstes Fach von oben
N „   „   „   „ zweites „ „ „
O „   „   „   „ drittes „ „ „
P „   „   „   „ viertes „ „ „
Q Glasschrank rechts vom Eingang erstes Fach von oben
R „   „   „   „ zweites „ „ „
S „   „   „   „ drittes „ „ „
T „   „   „   „ viertes „ „ „
U Schüler'sche Sammlung

Uebersicht

I. **Architectonisches** (Nr. 311—324)
   1. Säulen- und Ornamentbruchstücke (311—318)
   2. Stirnziegel (319—323)
   3. Ziegel von römischer Technik (324)

II. **Reliefs und Votivscheiben** (325—343)

III. **Freie Figuren** (344—655)
   1. Hermen (344—346)
   2. Stehende und sitzende männliche Figuren (347—365)
   3. Stehende Frauen mit und ohne Attribut (366—398)
   4. Pfeilerfiguren (399—409)
   5. Archaische thronende Göttinnen (410—421)
   6. Sitzende Frauen mit und ohne Attribut (422—431)
   7. Tänzer und Tänzerinnen (432—449)
   8. Musiker und Schauspieler (450—455)
   9. Gruppen (456—464) a) Nike- und Eros-Trägerinnen (456—458)
                     b) Erotische Scenen (459—464)
   10. Brustbilder (465—476)
   11. Köpfe (477—569)
   12. Oscillen (570—605)
   13. Votivglieder und anatomische Präparate (606—609)
   14. Thierreiter (610—619)
   15. Thiere und Thierverkappungen (620—655)

IV. **Gefässe und Geräthschaften** (656—754)
   1. Griech. Gefässe mit Statuetten, Reliefs, Inschriften (656—673)
   2. Gefässe in seltenen Formen (674—683)
   3. Ungefirnisste Vasen (684—689)
   4. Lampen (690—739)
   5. Römische Schalen von rothem Thon (740—747)
   6. Geräthe (748—754).

I. Architectonisches.

Nr. 311—324.

1. Säulen- und Ornamentbruchstücke.

Nr. 311—318.

311 [Nr. fehlt] Grosses Terracotta-Kapitell aus SICILIEN (H 51. B einer Seite 27). Dasselbe ist aus folgenden Theilen zusammengesetzt:

a) Hypotrachelium, eine kreisrunde Platte, oben durch Astragal und Annulus abgeschlossen.

b) Echinus. Sein unterer Theil ist ein Kranz von Akanthusblättern, aus welchem sodann lange zungenförmige aber gezackte Blätter und Stengel aufschiessen.

c) Abacus: eine grosse hervorragende Plinthe mit zwei Rundstäben, in Form eines an den Seiten ausgeschweiften Rhombus.

In der Mitte ist das Kapitell durchbohrt, nicht um in den Architrav eingefügt zu werden, sondern damit der Thon beim Brennen nicht sprang. Die Rückseite ist weniger gut erhalten.

Ornamente.

312 [R 707] Palmetten.
313 [R 703] Volute und architectonische Glieder.
314 [R 713] Palmettenkranz.
315 [R 705] Architectonische Glieder.
316 [R 704] Archaisches Ornamentbruchstück eines Stirnziegels.
317 [R 696—700. 702] Sechs ähnliche, zum Theil von Gefässen.
318 [A 31] Blindform eines runden (Dm 10, 4) mit Laubwerk verzierten Ornaments (Rosette zum Gebrauch eines Kuchenbäckers). Dm des Ganzen 15, 5. H 6, 9.

2. Stirnziegel. Nr. 319—323.

319 [D 108] Sehr alterthümlicher, bemalter **Votiv-Stirnziegel**. Im Innern einer halbkreisförmigen kapellenartigen Nische erscheint ein weiblicher Kopf (**Hera**) mit Stephane, unter welcher reiche (schwarzgemalte) Haare hervorquellen. Augen und Brauen sind gleichfalls schwarz, der Mund roth, das Halsband hat Ornamente von beiden Farben, besonders zwei Kugeln nach Art der italischen Bullen. Ringsherum läuft ein hervorstehender Kranz kleiner Nischen, an deren unterm Ende Palmetten seitwärts angebracht sind. Zuweilen begegnen Spuren von Vergoldung. — Auf der viereckigen Basis waren ehemals rothe und braune Bänder aufgetragen. H 40. Br. 36, 5 (mit den Palmetten 42).

>Urlichs Bonner Jahrbücher II p. 63. Gerhard, arch. Anzeiger 1851. S. 32.
>
>Stil und Grösse der von Panofka (Berliner Terracotten, Taf. 10) edierten Juno Caprotina.

320 [A 29] **Greif einen Hirsch zerfleischend**; Hautrelief (L 11. H 7, 5) in dem ornamentierten quadraten Rahmen (L 15. H 11, 5) eines im Innern ausgehöhlten Stirnziegels[1]).

>Ein ähnliches Bildwerk, aber etruskischer Kunst, auf einer Todtenkiste bei Inghirami monum. etruschi I a Taf. 99.

321 [R. 708] Fragment eines archaischen, mit braunen und weissen Streifen bemalten Stirnziegels.

322—323 [A 44 und B 122] Frontziegel mit Blumen und Laubwerk in Hautrelief. L 30.

323 b [U] Ziegelnase aus ATHEN (Grotte vom Gefängnisse des Socrates).

---

1) Die Aushöhlung der Terracotten, besonders die auf dem Rücken der kleineren Statuen angebrachten Oeffnungen haben natürlich keinen andern Zweck als einen technischen. Nur so war zu verhüten, dass das Kunstwerk im Brennen keine Risse bekam.

3. Ziegel von römischer Technik.

324 [R 710] Bruchstück eines Ziegels mit der Inschrift:

| T I. I V L I V | Tiberius Julius, |
| PERIAN͡DERFE | Periander fecit. |

II. Reliefs und Votivscheiben.
Nr. 325—343.

a) Reliefs. Nr. 325—332.

325 [R 709] Feines archaisches Relief, einen behelmten Krieger darstellend, der die Quadriga (nicht Biga) lenkt. Es ist **Oinomaos im Wettrennen mit Pelops.** Neben dem Gespann läuft ein Hase[1]), das Thier übler Vorbedeutung; oben fliegt ein Vogel[2]). Die ganze Gruppe ist zwischen zwei mit rothen Längestreifen bemalten Säulen eingeschlossen. H 6, 5. L 13.

Urlichs, Bonner Jahrb. II 65. Gerhard, arch. Anzeiger 1851. S. 32 (ohne individuellen Bezug).

326 [R 701] Weibliche Gewandfigur (Nereide) auf einem Seepferd reitend, dessen geringelter Fischschwanz in den Kopf einer Schlange endigt.

Alterthümliches Hautrelief eines Gefässfragments. H 10.

Vergl. Bartoli e Bellori, lucernae I 4 und Thetis bei Millin gal. mytholog. Taf. 151 (nr. 586). Gerhard, arch. Anzeiger 1851. p. 32.

327 [O 1227] Orientalisirend bärtiger Kopf des indischen **Dionysos,** die Haare in langen drahtartig geflochtenen Zöpfen herabfallend. Daneben Weinblätter. SICILIEN. Reliefbruchstück, (H jetzt 8, 3.) aus der Sammlung Palin.

---

[1]) In einer Schale aus Canosa (Minervini monumenti ined. posseduti da R. Barone I p. 31. Tav. VI) ist ein voranlaufender Hund Symbol der Eile.
[2]) Auf einer Vase von Ruvo deutet ein obenschwebender Raubvogel, eine Schlange in den Klauen, auf Tod. Monumenti dell' inst. II 32.

328 [P 905] In Hautrelief eine Kylix mit cannellirtem Fuss. Oben auf dem Rande sitzen zwei pickende Tauben. H 5, 5.

 Vergl. den berühmten Mosaik der „capitolinischen Tauben" bei **Furietti** (de musivis p. 30). **Millin** gal. mythol. Taf. 43. (nr. 190).

329 [P 907] Nackter Knabe, auf dem Boden liegend. Fleischfarbne Bemalung. L 5, 5.

330 [P 904] Fragment eines stehenden nackten Knaben derselben Technik.

331 [R 711] Relieffragment. Nackte männliche Figur, die in der ausgestreckten L., sowie in der gesenkten R. verstümmelte und jetzt unkenntliche Gegenstände trägt. [Kopf fehlt].

332 [A 28] **Amazonenschlacht.** Fragment eines (römischen) Hautreliefs. Eine unterwärts bekleidete Amazone mit hohem buschigem Helm, hat, indem sie nach rückwärts dem Feind ins Auge schaut, ihre sterbende Gefährtin, die schon ins Knie gesunken ist, unter dem Arm gefasst. Letztere ist ohne Helm, ihr halbmondförmiger Schild liegt neben ihr am Boden. Zur L. (wo das Bild abgebrochen ist) müssen noch Figuren gewesen sein, da Waffen ins Feld hereinreichen. Den untern Fries bilden Arabesken von Laubwerk. H 23. L jetzt 19.

 Aehnliche Vorstellung auf einer römischen Lampe aus **Trier**, Bonner Jahrb. Bd. XII Taf. 4, nr. 5; vergl. auch den Reliefabguss im archäol. Museum zu Jena (**Göttling** nr. 140).

b) **Votivscheiben.** Nr. 333—343.

333 [M 662 b] Archaischer lockiger Kopf der **Gorgo**, die Haare gelb, die Augäpfel schwarz, der Mund roth bemalt. Zwei Schlangen sind unter ihrem Hals zu einer Schleife[1]) verschlungen. Ringsum bilden blaue und fleischfarbne strahlenähnliche Büschel einen Kranz. D 17.

334 [E 171] Archaisches **Gorgoneion**, von Schlangen umgeben. Dm 21.

---

1) Die Schlangenschleife der Gorgo findet sich u. v. a. bei d'**Agincourt** fragmens pl. 14, 2. Museo Borbonico II 15, III 60. **Passeri** I 55. **Visconti** museo Pio-clementino VI 52. 53.

335 [P 852] Kopf der Medusa mit strahlenähnlichem Schmuck und zwei Schlangen, die als Bandschleife unter dem Halse zusammengeknüpft sind. Spuren schwarzer und violetter Bemalung. D 11, 4.

336 [P 858] Gorgoneion. H 13, 8.

337 [P 903] Gorgoneion. D 5, 6.

338 [M 662 c] Votivscheibe in Form eines aus Blättern zusammengesteckten, also am Rande zackigen Kelches, aus dem das Brustbild eines lächelnden, mit rothem Chiton bekleideten Knaben herausragt, die R. am Körper anliegend, die L. dem Beschauer entgegenstreckend. D 25.

Gerhard, arch. Anzeiger 1851. p. 27.

339 [M 662 a] Prachtvoller Kopf der Kora, umgeben von blau- und rothbemaltem Blumengewinde in Hautrelief.

Ueber die Technik vergl. Panofka Berlins Terracotten, Taf. 63 p. 156. 157 und meine Nr. 657.

340 [N 1247] Kopf einer Artemis mit der Fackel. UNTERITALIEN. H 5, 4. Aus der Sammlung Palin.

341 [D 110] Kopf einer Frau mit Kredemnon, das sie l. angefasst hat. Haare, Augen und Mund rothgemalt, der Schleier violett. H 21. Br 20.

342 [N 446] Frauenkopf in edelstem Stil. H 10.

343 [N 440] Weibliches bekleidetes Brustbild. H 5.

III. Freie Figuren.
Nr. 344—655.

1. Hermen. Nr. 344—346.

344 [F 365] Bärtige ithyphallische Herme [des Priapos] mit Stirnbinde. Zwischen ihren Füssen liegen auf einer Basis verschiedene Früchte. H 14, 8.

345 [M 529] Herme mit brauner Bemalung; oberhalb ein Silen mit struppigem Bart und Haarwulst, r. das Gewand an der Brust zusammenfassend, die L. an der Seite. H 16.

Gerhard, arch. Anzeiger 1851 pag. 28.

346 [M 1250] Kleine Statuette der Isis mit Diadem, die Brüste entblösst, unterhalb Herme mit der theilweise sinnlosen Inschrift:

ΤΣΙ	
ΡΑΝ	τυράννῳ?
Σ	
ΑΝΙ	ἀνικήτῳ
ΚΗΤ	
Ο	

aus der Sammlung Palin. Die Aechtheit ist mir sehr verdächtig. H 15.

---

2. Männliche Figuren. Nr. 347—365.

a) Stehende. Nr. 347—360.

347 [N 682] Nackter Ephebe mit niederm Modius; er hat die Beine geschlossen und hebt beide Arme in Schüsselform in die Höhe, um ein rundes [jetzt fehlendes] Architecturstück zu tragen. H 20. Archaisch.

Abgebildet bei Walz (Polychromie, Taf. 3, 1) der diese Figur p. 24 auf Atlas deutet.

348 [M 506] Archaisches Bild des Hermes Kriophoros, nackt und mit beiden Armen (wie eine Karyatide [1]) ein oblonges Architecturstück tragend, auf dem zwei sich abgewandte lagernde Widder und zwischen ihnen eine Kugel in hautrelief sichtbar sind. H 21, 2.

349 [N 1265] Nackte zwerghafte [2] ägyptische Gottheit (Typhon = Babys, Bebon, Seth als Gott des Krieges) mit hohem Kopfputz und satyresken Formen; l. den runden Schild, r. das erhobene Schwert. ALEXANDRIA; aus der Sammlung Palin.

---

[1] Diese beiden Terracotten machen mir wahrscheinlich, dass der Name „Karyatide" nicht von den Jungfrauen zu Karya, sondern von der Form des dortigen Standbildes der Artemis Karyatis stammt.

[2] Ueber diese karrikirten (paläkenartigen) Götter machte sich schon der persische König Cambyses lustig (Herod. III 37). Vergl. nr. 361. 617.

350 [F 366] Jugendlicher **Dionysos** mit langen Locken und Epheubekränzung, nackt bis auf die Chlamys, die hinterwärts über die Schulter hängt und das r. Bein bedeckt, und Stiefeln, die nur die Zehen frei lassen. Sein r. Fuss steht auf dem Boden auf, während der l. in leichter Krümmung ausruht; der l. Arm ist feierlich erhoben, die R. halbgesenkt vorgestreckt. — Ursprünglich fleischfarbne Bemalung. H 35.

351 [O 505] Nackter jugendlicher **Faun**, der, die Chlamys über der Schulter und die Beine weit geöffnet, in die Höhe blickt. Sein Oberkörper neigt sich etwas rückwärts, die Arme hat er halb erhoben [r. Vorderarm fehlt]. Ursprünglich fleischfarbne Bemalung. Die Figur steht auf quadrater Platte und ist mit einer Stütze versehen. H 27.

   Gerhard, arch. Anzeiger 1851. p. 27—28, denkt sich ihn als Flötenbläser.

352 [M 518] Etruskisirende männliche Figur im Aermelchiton, die L. in die Hüfte gestemmt, r. ein Schwert haltend [Kopf und Füsse fehlen]. H jetzt 6, 5.

353 [M 517] Etruskisirende nackte männliche Figur [Arme und Waden fehlen]. H jetzt 7, 5.

354 [M 516] Statuette einer bärtigen Gewandfigur mit Spuren violetter Bemalung. H 10.

355 [N 508] Auf rundem Piedestal ein unterwärts bekleideter Jüngling, den l. Arm ursprünglich in die Höhe streckend [beide Arme fehlen]. H 18.

   Von Gerhard, arch. Anzeiger 1851 p. 28 als **Eros** gedeutet.

356 [M 532] Kleine männliche Gewandfigur. H 9.

357 [Q 668] Der obere Theil eines nackten Epheben, der den l. Fuss ursprünglich wohl auf eine Basis stellte, den r. Arm hat er auf das Knie gelegt. Fleischfarbne Bemalung. H jetzt 7, 6.

358 [Q 663] Nackter lockiger und lächelnder Knabe in voller Heiterkeit, den r. Arm über den Kopf biegend, die l. Seite ursprünglich etwa an einen Pfeiler gelehnt [L. Arm

und Fuss und r. Bein fehlen]. Fleischfarbne Bemalung, die Lippen roth. H jetzt 42.

359 [M 1229] Torso eines römischen **Auriga circensis** mit Riemenharnisch. H jetzt 10.

> Vergl. Krause, Gymnastik Taf. 21, 80 pag. 580. 961. Visconti museo Pio-clementino III 31.

360 [C 196] Geflügelter **Hermaphrodit**, nackt bis auf die Chlamys, mit der er unterwärts theilweise bekleidet ist, im Haar eine Binde. Der r. Arm lag am Körper an [der l. sowie der r. Vorderarm fehlt; der l. Fuss ist vom Knie an restaurirt]. H 17, 4.

> Gerhard, arch. Anzeiger 1851. p. 28.

b) Sitzende. Nr. 361—365.

361 [M 1301] Zur Erde kauerndes nacktes und ithyphallisches Götterbild des **Phthah** aus ALEXANDRIA mit verzerrten silenosartigen Zügen. H 9, 2. Aus der Sammlung Palin.

362 [N 1264] Männliche gelagerte Gewandfigur, den l. Arm auf drei übereinanderliegenden Platten auflegend, r. ein Gefäss (?) haltend. H 3, 5. L 5.

> Vom Catalog auf den indischen **Buddha** gedeutet.

363 [C 211] Männliche Figur mit Tutulus, in langer festanliegender Bekleidung, vorgebückt, die Beine geschlossen, die gebogenen Arme (in denen er ursprünglich etwas hielt) fest und gleichmässig an die Brust drückend. Wohl ein **Sklave**, der unter seiner Last gebeugt steht. H 18.

364 [A 37] Auf einem Felsensitz ein jugendlicher **Triton** mit langem geringeltem Fischleib [Vorderfüsse abgebrochen] und einem (rothgemalten) Flossengürtel um die Lenden; die L. nur halb ausgestreckt, die R. erhoben. H 36. L. 28.

365 [N 515] Sitzender Jüngling, nackt bis auf den Chiton der das r. Bein verhüllt, mit dem l. Arm auf einen Felsen (keine Amphora) gestützt [Kopf und rechter Vorderarm

fehlen]. Zu seinen Füssen sitzt mit übereinandergeschlagenen Beinen ein nackter Knabe mit satyresken Gesichtszügen; er hat Kopf und Arme schläfrig auf das Knie gelegt. Spuren blauer und fleischfarbner Bemalung. H jetzt 15, 5.

> Gerhard, arch. Anzeiger 1851. p. 28, deutet die Figur auf Thanatos.

3. Stehende Frauen. Nr. 366—398.

a) Mit Attributen. Nr. 366—377.

366 [M 507] Göttin mit ägyptisch strengen Zügen und fast viereckigem Kredemnon. Sie ist mit dem Chiton bekleidet und hat die L. auf die Brust gelegt, während die gesenkte R. vorn am Körper anliegt und das cerealische Opferschwein an den Hinterbeinen (keine Fackel) hält. H 21, 6. [Vergl. Nr. 372].

367 [C 182] Geflügelte Frau in kurzem dorischem Chiton und Ueberwurf, l. das Gewand haltend, r. ein Häschen tragend. Die Haare dunkelbraun, das Incarnat dunkelroth [der r. Flügel abgebrochen]. H 24.

> Gerhard, arch. Anzeiger 1851. S. 29, denkt an eine Telete. Vergl. Panofka, Berliner Terracotten Taf. 29, p. 94. d'Agincourt fragmens pl. 15, 4 (wo der Hase l. getragen wird).

368 [N 501] Eine nackte geflügelte Frau, nur mit einem shawlartigen Tuche bedeckt, steht neben einem Baumstrunk, beide Arme gebogen ausstreckend. H 13.

369 [C 200] Artemis als archaische weibliche Gewandfigur mit Kredemnon, die Füsse geschlossen, r. eine Fackel. POLIZZI. H 16, 2.

370 [F 363] Artemis in dorischem Chiton, der die Brüste unverhüllt zeigt, Ueberwurf und Jagdstiefeln, die L. in der Hüfte, r. eine Fackel. Das Haupt mit der Stephane geschmückt, lehnt sie an einen Felsen; daneben steht, zu ihr aufschauend, ein Hund. H 18, 5.

371 [C 201] Mit Chiton und Mantel langbekleidete **Frau** (Artemis), die sich mit übereinandergeschlagenen Beinen an einen Felsen lehnt. Sie hat die L. in die Hüfte gestützt, r. trägt sie eine kurze Fackel; zu ihren Füssen steht ein Hund. Gesicht, Locken und Füsse sind röthlich bemalt. H 19, 5.

372 [M 521] Bekleidete Frau [Demeter] mit hohem Polos und Kredemnon, r. eine brennende Fackel, l. das Opferschwein im Arm tragend. H 16, 8.

373 [N 534] Weibliche Gewandfigur (Aphrodite, keine Danaide), auf der l. Schulter mit beiden Armen eine gestürzte Amphora haltend, wie um sie auszugiessen. Gefäss, Gürtel und Gewandsaum sind vergoldet. H 12, 8.

Abgebildet bei Walz, Polychromie der antiken Sculptur, Taf. II 2.

374 [F 375] Auf runder Basis steht eine langgewandete corpulente Frau mit Kredemnon, in der l. Hand ein Gefäss und auf dem l. Arme eingewickelt ein Kind tragend, das selber wieder einen Apfel hält. [Der r. Arm abgebrochen]. H 18.

375 [C 198] Langbekleidete Frau mit Gürtel, hohem Krobylos und zierlich geflochtenen Haaren. In der gesenkten R. trägt sie wohl ein Körbchen, l. drückt sie eine Taube an ihre Brust. Gesicht und Haare braunroth. H 15.

376 [F 1127] Auf quadrater Basis eine weibliche Gewandfigur mit hohem Krobylos, den l. Fuss etwas zurückgezogen, die l. Hand in der Hüfte, r. einen (wegen Verstümmelung) jetzt unkenntlichen Gegenstand tragend. H 25. POZZUOLI.

377 [P 862] Weibliche Gewandfigur [Kopf fehlt], welche l. Früchte im Schurz trägt, während sie r. einen Vogel mit Trauben füttert. H jetzt 14,

b) Ohne Attribute. Nr. 378—398.

378 [F 358] Archaische Statuette einer langbekleideten Frau mit Kredemnon. Die Arme liegen noch fest am Körper an, der r. Fuss ist etwas weiter vorgerückt. H 18, 4.

379 [C 208] Auf einer Basis steht eine weibliche bekleidete Figur ohne Kopfschmuck; die L. ist vom Mantel bedeckt, r. deutet sie an die entblösste Brust[1]). Archaisch. H 20.

380 [M 1129] Nackte (aber rohe) weibliche Figur mit anliegenden Armen. CAPUA. H 9, 6.

381 [N 1266] **Aphrodite**, nur unterwärts bekleidet, r. den Kopfputz ordnend, während sie links das Gewand am Schoose zusammenhält. GRIECHENLAND. H 8, 4. Aus der Sammlung Palin.

382 [N 509] Nackte weibliche Figur, l. das Gewand hinter der Schulter vorziehend, r. das eine Bein verhüllend. [**Venus Anadyomene**]. Spuren von rother Farbe und Vergoldung. H 15.

    Abgebildet bei Walz, Polychromie, Taf. 3, 3. Ein Eros war ehemals nicht dabei.

383 [F 356] Eine nur unterwärts bekleidete Frau ohne Kopfschmuck [**Aphrodite Kallipygos**] hat den l. Fuss auf einen Felsen gestellt und den l. Arm auf das Knie gelegt, während sie den rechten sinken lässt. H 25, 2.

384 [M 535] Unterwärts bekleidete **Aphrodite** [Kopf und Arme fehlen], die den l. Fuss auf eine quadrate Basis mit Abacus stellt. Das Gewand roth und blau bemalt. H jetzt 17, 4.

385 [C 199] Majestätisch schreitende weibliche Gewandfigur mit Kredemnon, das sie mit der R. unter dem Kinn zusammenhält. Das Gesicht ist roth, Augen und Brauen sind schwarz bemalt. POLIZZI. H 15.

386 [F 383] Hohe schreitende weibliche Figur mit Kredemnon, Chiton und Ueberwurf, den sie l. angefasst hat, während die R. auf der Brust liegt. Der Kopf ist etwas geneigt. H 28.

387 [C 188] Mit Chiton und Mantel langbekleidete Frau, das Haupt mit der Stephane geschmückt, r. das Gewand auf der Brust zusammenhaltend, während die L. herabhängt.

---

1) Dieselbe Geberde bei Stackelberg, Gräber der Hell. Taf. 57, 2.

Haare und Augen braunroth, das Gewand roth und gelb. H 31, 4.

388 [Q 664] Weibliche Gewandfigur mit sorgfältigem Haarputz, den Kopf nach der r. Seite gedreht; ihr Gewand hält sie r. auf der Brust zusammen, während sie die L. in die Hüfte stemmt, Fleischfarbne Bemalung. [Der untere Theil fehlt]. H jetzt 29.

389 [M 510] Kleine weibliche Gewandstatuette mit geneigtem Kopf, das Himation r. am Hals, l. an den Lenden zusammenfassend. H 11, 2.

390 [M 533] Weibliche Gewandfigur aus POLIZZI [Kopf fehlt], die R. unter der Brust, l. das Gewand an der Hüfte haltend. H jetzt 19.

391 [M 527] Schwarze Statuette einer lockigen weiblichen Gewandfigur, die R. auf der Brust, die L. liegt am Körper an. H 12, 5.

392 [Q 673] Fragment einer weiblichen Gewandfigur, die R. auf der Brust, die L. am Körper anliegend. H jetzt 16.

393 [F 364] Schreitende Frau, den Kopf nach R. gedreht. Der Chiton (roth und blau bemalt) lässt die eine Brust frei; den r. Arm hat sie in die Hüfte gestemmt, während die L. am Körper anlehnt. H 21.

394 [F 359] Langbekleidete Matrone, die L. in die Hüfte gestützt, mit der erhobenen R. den Mantel über Kopf und Schultern ziehend. Zur Seite eingekratzt [von moderner Hand?] NAV. H 12.

395 [F 374] Schwarze Statuette einer mit Mantel und Kredemnon völlig bedeckten Frau. H 11.

396 [P 674] Der obere Theil einer bekleideten Frau mit Kredemnon. Fragment. H jetzt 15.

397 [N 500] Kleine weibliche bekleidete Figur, r. das Gewand am Halse zusammenfassend. H 8.

398 [A 33] Bekleidete Frau, zur Hälfte sitzend, den r. Fuss am Boden, den l. hinaufziehend, um sich die Sandalen zu binden. Der l. Arm (mit dem Riemen) ist weit ausgestreckt. [Kopf fehlt]. H jetzt 33.

4. Pfeilerfiguren. Nr. 399—409.

399 [M 514] Eine nackte männliche Figur mit gesenktem Kopf, die R. in die Hüfte stemmend, lehnt sich l. an einen Pfeiler. Hinten fliesst als Draperie das Gewand in langen Falten herab. H 13.

400 [M 511] Ein nackter Knabe klammert sich um eine Säule mit rohem Kapitell. Palästrisch? H 9.

401 [N 1228] Nackte archaische Göttin (Isis) mit Kredemnon, die Beine geschlossen, die L. am Körper anliegend, während die R. auf der Brust liegt. Sie steht an einen Pfeiler gelehnt. ALEXANDRIA. H 13, 8. Aus der Sammlung Palin.

402 [N 683] Nackte weibliche Figur [Aphrodite], die sich mit übereinandergeschlagenen Füssen an einen Pfeiler lehnt. Nur das r. Bein ist vom Gewand verhüllt, der r. Arm in die Hüfte gestützt, während sie die L. wie verwundert ausstreckt. Ihr Haupt ist mit einer Stirnbinde geschmückt. H 27.

    Abgebildet bei Walz, Polychromie der antiken Sculptur, Taf. 3, 2.

403 [M 523] Aphrodite, nackt, mit strahlenähnlichem Diadem, an einen Pfeiler gelehnt, auf den sie den r. Arm gelegt hat. H 15, 6.

404 [N 525] Weibliche unterwärts bekleidete Figur [Aphrodite], den Kopf geneigt, den r. Arm erhoben [Vorderarm fehlt], l. an einen Pfeiler gelehnt. Das Gewand war violett bemalt. H 18.

405 [M 520] Göttin mit blumengeschmücktem Polos und Chiton, der die Brust unverhüllt lässt. Den l. etwas gebogenen Fuss lehnt sie an einen Pfeiler, welchen sie mit der l. Hand berührt. [R. Vorderarm fehlt]. H 20, 8.

406 [C ohne Nr.] Frau, mit dem Diadem geschmückt, auf einem Pfeiler sitzend. Sie ist mit dem Chiton, der die r. Brust frei lässt, unterwärts auch mit dem Mantel bekleidet (der Spuren von rother und blauer Farbe trägt). Die l. Schulter erscheint bedeutend erhoben, der l. Arm gebogen [Hand fehlt], während sie die R. gesenkt hält. Attitüde einer **Sandalenbinderin**. H 23.

407 [C 180] Eine mit Chiton und Mantel langbekleidete Frauengestalt mit Kredemnon lehnt mit dem r., vom Gewand verhüllten, Arm an einen Pfeiler, der oben und unten durch 2 vorspringende Platten gekrönt ist; mit der L. hält sie das Kleid. H 28.

408 [C 183] Weibliche Figur im langen, röthlich und blau bemalten Chiton, der die r. Brust unverhüllt lässt. Von der Hüfte abwärts ist sie auch mit dem (rothen) Mantel bekleidet, den sie r. ergreift, während sie l. an einen Pfeiler lehnt. [Kopf und l. Vorderarm fehlen]. H jetzt 24, 4.

409 [F 357] An eine kleine runde Säule mit jonischem Kapitell lehnt eine Frau im Chiton und von der Hüfte abwärts im (rothbemalten) Mantel, der über den l. Arm geschlagen ist. Den r. Arm (mit offener Hand) hat sie hoch aufgehoben. [Kopf fehlt]. H jetzt 20.

---

5. Archaische thronende Göttinnen.
Nr. 410—421.

410 [C 203] Zu Boden sitzende Göttin mit Kredemnon, ihr Kind in derselben Lage auf dem Schoose haltend. Die Beine fest geschlossen, die Arme mumienhaft am Körper anliegend. [Füsse abgebrochen]. H 10, 8. L jetzt 9.

411 [D 115 a] Göttin mit hohem Modius und Kredemnon auf einem quadraten Steine sitzend, den oben ein Abacus abschliesst. Die Haltung völlig mumienhaft, nur die Füsse sehen unten aus dem Gewand hervor. H 28.

412 [C 193] Nackte sitzende Göttin mit Modius und (rothgemaltem) Früchtekranz. Beine und Arme geschlossen. [Der Sitz modern]. H 21.

413 [C 192] Nackte weibliche Figur [**Aphrodite**] mit Stephane, die Beine geschlossen, die Arme fest am Körper.

Ihre Haare waren ursprünglich braunroth bemalt. [Der Sitz modern]. H 18.

414 [N 503] Göttin mit Kredemnon auf einem Thronstuhl. Sehr alterthümlich. H 9, 5.

415 a-b. [N 1221. 1219] Zwei ähnliche aus ATHEN. H 9 und 7. Aus der Sammlung Palin.

416 [N 526] Sitzende weibliche Gewandfigur mit Ohrgehänge und Polos, die Arme fest am Körper anliegend. Der r. Aermel des Chitons ist mit 2 Knöpfen geschlossen. H 23.

417 [Q 684] Der obere Theil einer sitzenden Göttin mit geschlossenen Armen und Beinen. Ihr Haar ist gescheitelt und fällt in langen Flechten auf den Rücken. Die Bemalung war ursprünglich hellroth. L jetzt 13.

418 [M 522] Sitzende Figur mit Polos und einer dreifachen Reihe von Brüsten (5, 7 und 7). H 17.

419 [M 528] Thronende Göttin mit drei Brüsten und hohem Polos, auf einem Sitze der nach beiden Seiten weit hervorragt; die Beine nach Hermenart gar nicht unterscheidbar. H 13, 6.

420 [C 194] Sitzende Frau mit rothem Gewand, ohne Kopfschmuck; die Arme fest am Körper liegend. H 14.

421 [M 1282] Frau mit Kredemnon auf einem Thronsessel; die Beine schon freier, aber die Arme noch dem Körper angeschlossen. Ursprünglich rothe Bemalung. ATHEN. H 12, 8. Aus der Sammlung Palin.

6. Sitzende Frauen.

Nr. 422—431.

a) Mit Attributen. Nr. 422—423.

422 [P 863] Bekleidete Göttin [Demeter Kurotrophos] mit Polos, ein nacktes Kind säugend. H 14.

423 [M 524] Sitzende weibliche Gewandfigur mit Polos, r. das Kredemnon vorziehend, l. eine Gans haltend. H 17, 5.

b) Ohne Attribute. Nr. 424—431.

424 [F 360] Thetis auf einem Felsensitz, nackt, aber mit der Stephane geschmückt. Während sie l. den Mantel an der Hüfte festhält, breitet sie ihn mit der erhobenen R. hoch über Kopf und Schultern aus. H 16. L 13, 5.

425 [F 362] Weibliche Gewandfigur mit Modius und Kredemnon, auf einem Felsen sitzend, auf den sie die L. gelegt hat, während sie mit der erhobenen R. den Schleier anfasst. H 18.

426 [C 209] Weibliche Gewandfigur mit Kredemnon, auf einem Felsen sitzend, auf den sie sich mit der L. stützt, während sie die R. auf den Schoos legt. Spuren rother und blauer Bemalung. H 14.

427 [C 187] Sitzende Frau ohne Kopfschmuck und nur unterwärts bekleidet, das Haupt etwas nach r. geneigt. [Arme und Piedestal fehlen]. H jetzt 12.

Gerhard, archäol. Anzeiger 1851. pag. 29, vermuthet Ariadne.

428 [F 378] Frau im Chiton auf einem Stein sitzend, beide Arme halb ausgestreckt, als ob sie eine Tänie hielte. H 19.

429 [F 361] Kurzbekleidete Frau auf einem Felsen sitzend, auf den sie die R. stützt. Die L. hat sie in den Schoos gelegt. H 19, 6.

Gerhard, archäol. Anzeiger 1851. p. 30, denkt an die Jägerin Atalante.

430 [M 531] Sitzende bekleidete Frau mit Ohrschmuck, die r. Hand auf der Brust, während die L. am Körper anliegt. H 17, 8.

431 [O 1240] Nackte lockige Frau in obscöner Haltung auf dem Boden kauernd. Der Leib und die schlaffen Brüste sind von unförmlicher Dicke; ihr r. Arm liegt am Körper an, die L. ist ums Knie geschlungen. GRIECHISCHE Statuette aus braunem Thon. H 8, 5. Br 4, 5. Aus der Sammlung Palin.

7. Tänzer und Tänzerinnen[1].

Nr. 432—449.

432 [Q 666] **Nackter Tänzer**, in den ausgestreckten Armen Krotalen haltend, das Haar oben in einen Wulst zusammengebunden. Fleischfarbne Bemalung. H 44.

433 [Q 667] **Nackter Tänzer** in voller Bewegung [Kopf fehlt]. Die Bemalung Fleischfarbe. H jetzt 29.

434 [F 367] **Tänzerin** in langem Gewand, den Kopf seitwärts geneigt, beide Arme (mit Krotalen?) erhoben. Ausser dem blau und roth gemalten Chiton trägt sie unterwärts noch ein shawlartiges Tuch. H 21, 2.

435 [C 189] **Tänzerin** in langem Chiton, die Brust frei, den Kopf zurückgeneigt, die Arme (mit Krotalen?) erhoben. H 31.

436 [C 206] **Tänzerin** in langem fliegendem Kleid, den Kopf (ohne Schmuck) nach r. gesenkt, die Hände (wohl mit Krotalen) halberhoben[2]. H 22, 6.

437 [C 202] **Tänzerin** in langem Kleid, das mit rothen und blauen Blumen verbrämt ist, und Kredemnon. Sie hat mit beiden Händen zierlich das Gewand erfasst[3], während der r. Fuss etwas zurückgezogen ist. H 19.

438 [F 371] **Langgewandete Frau** mit entblösster l. Brust, den l. Arm in die Hüfte gestützt, r. vorn den Mantel aufhebend. Der r. Fuss ist etwas zurückgezogen, das Haar über der Stirne gelockt. H 29.

439 [C 184] **Tänzerin** in langem fliegendem Gewand, das am Saume mit zwei blauen Streifen verziert ist. Im Haar trägt sie einen Früchtekranz, die l. Brust ist entblösst, der

---

[1] Vergl. Gerhard, arch. Zeitung 1851. S. 30. 31. Krause, Agonistik II 632.

[2] Dieselbe Haltung der Hände hat die Karyatide des Museo Pio-Clement. (Visconti III Taf. b. II).

[3] Anfassen des Gewands, gewöhnlich unter der l. Hüfte, gehört zur Attitüde des Tanzes. S. d'Agincourt, fragmens en terre cuite Taf. 10 nr. 6. 8. Real museo borbonico II Taf. 6. Visconti museo Pio-Clement. III 30. Mus. Chiaramonti Taf. 39. Stackelberg, Gräber der Hell. Taf. 65.

Kopf seitwärts geneigt. Während sie die R., wie um Krotalen zu halten, ausstreckt, hebt sie l. zierlich das Gewand auf. H 25.

Gerhard, arch. Anzeiger 1851. S. 31.

440 [F 382] Tänzerin in fliegendem Chiton und rothbemaltem Ueberwurf, der die l. Brust und den Oberarm frei lässt. Sie hat l. das Gewand erfasst, die R. ausgestreckt. [Der untere Theil der Figur ist abgebrochen und mit einem ihr ursprünglich fremden Piedestal ergänzt]. H 18, 2.

441 [F 370] Tänzerin in langem fliegendem Kleid, l. Brust und Oberarm frei, und den Ueberwurf an der Hüfte angreifend, die R. [unvollständig] ausgestreckt. Der Chiton mit gelber, die Haare mit brauner Bemalung. H 25.

442 [Q 681] Tänzerin mit geneigtem Kopf und fliegendem (rothem) Kleid, die l. Brust frei, den r. Arm ausstreckend. H 21.

443 [F 369] Tänzerin mit fliegendem, rothbemaltem Chiton; l. Brust und Oberarm entblösst, mit der L. zierlich den Ueberwurf an der Hüfte erfassend. [Kopf und rechter Arm fehlen]. H jetzt 18.

444 [F 376] Tänzerin mit fliegendem Chiton, l. Brust und Oberarm entblösst [der r. fehlt], an der l. Hüfte zierlich das Gewand haltend. H 23.

445 [C 207] Langgewandete Frau, den Kopf (ohne Schmuck) auf die rechte Seite geneigt. Mit der L. die fest am Körper anliegt, hält sie das Himation, die R. liegt auf der Brust. Spuren violetter Bemalung. H 20.

446 [C 185] Hohe langbekleidete Frauengestalt, r. das Gewand haltend, die L. (so scheint es) unter diesem verborgen. Sie hat das Haupt etwas seitwärts geneigt; die Haare in zierliche Flechten geordnet, welche oben in einen kleinen Krobylos zusammengefasst sind. H 25.

447 [C 210] Weibliche Gewandfigur im feingefältelten Chiton und Ueberwurf, doch ohne Kopfschmuck; der l. Arm gebogen (der r. fehlt). Spuren rother Bemalung. H 16, 4.

448 [Q 675] Der obere Theil einer weiblichen Figur mit rothbemalten Haaren, die l. Brust entblösst. [Arme fehlen] H jetzt 14.

449 [M 534] Torso einer Tänzerin mit geneigtem Kopf und entblösster Brust [Arme fehlen]. H jetzt 10.

8. Musiker und Schauspieler.
Nr. 450—455.

450 [C 191] Tympanistria; sitzende langgewandete Frau, die R. gesenkt, l. das Tympanum haltend. Ihr Haar ist braunroth, das Gewand roth und blau bemalt. H 18.

451 [Q 539] Oberleib einer männlichen Gewandfigur mit Mundriemen, in beiden Händen die Doppelflöte haltend. Die Haare sind hoch oben in einen Wulst zusammengebunden. H jetzt 9.

452 [M 530] Sitzende bekleidete Frau mit entblösster r. Brust, den l. Fuss über das r. Knie gelegt, die Arme in der Haltung einer Kitharspielerin [R. Vorderarm fehlt]. Das Gewand ist mit rothen und blauen Säumen bemalt. H 24, 5.

453 [M 685] Der untere Theil einer weiblichen Gewandfigur, die das l. Bein über das r. Knie geschlagen hat. H jetzt 12.

454 [C 190] Ein Schauspieler mit der komischen Maske tanzt mit einer Frau, die er l. um die Hüfte fasst, während er r. seinen Bart hält. Die Tänzerin, im Chiton, welcher die Brüste unverhüllt lässt, hebt die Arme auf [Hände fehlen] wie um Krotalen zu halten; ihr Gewand zeigt rothe und gelbe Bemalung mit blauem Saum. H 18.

Anders fasst die Gruppe Gerhard, arch. Anzeiger 1851. p. 31.

455 [F 368] Schauspieler mit der komischen Maske, corpulent und unförmlich. Er hält einen Schlauch, den er mit der R. eben öffnet. H 12, 4.

9. Gruppen. Nr. 456—464.

a) Nike- und Erosträgerinnen. Nr. 456—458.

456 [C 181] Eine bekleidete Frau mit Stirnbinde umfasst mit beiden Armen das Knie der beflügelten, oberwärts nackten Nike, die sich ihr von hinten auf die Schulter setzen will, mit der L. sich an der Brust der Trägerin festhält und den r. Arm [vorn abgebrochen] ausstreckt. Die Gewänder zeigen Spuren von blauer und violetter, die Flügel [beschädigt] von blauer Bemalung. Im Haar trägt Nike einen Epheukranz. H 25, 2.

    Gerhard, archäol. Anzeiger 1851. p. 28 denkt bei diesen Gruppen an die „Einweihung irgend eines weiblichen Götterdienstes, etwa der Thesmophorien."

457 [F 381] Eine mit dem ärmellosen Chiton langbekleidete Frau umfasst mit beiden Armen das Knie der Nike, die sich, geflügelt und gleichfalls bekleidet (nur die r. Brust ist nackt) ihr von hinten auf die Schulter setzt und zu welcher sie rückwärts schaut. L. hält sich Nike an der Brust der Trägerin. H 22.

458 [C 205] Schreitende, nur unterwärts bekleidete Frau, [Aphrodite], das r. Bein eines auf ihrer Schulter ruhenden, strahlenhaft bekränzten nackten Flügelknaben [Eros] mit beiden Armen haltend. Dieser schlingt die R. um ihren Hals, l. hält er sich an ihrer Brust; sie selbst blickt rückwärts, wie um ihn zu küssen, nach ihm auf. — Das Gewand ist roth, mit blauen Querstreifen, die Flügel des Eros roth und grün. H 17.

b) Erotische Scenen. Nr. 459—464.

459 [C 204] Jüngling und Mädchen, stehend und beide nur unterwärts bekleidet, in erotischer Umarmung. Der Ephebe ergreift mit der L. sein Gewand, die R. schlingt er um die Schulter des Mädchens, das ihn eben küsst und die R. schmeichelnd auf sein Knie legt. Um ihn zu erreichen, steht sie l. auf den Zehen. Das Incarnat des Jünglings ist von rötherer Färbung. H 17, 4.

460 [F 379] Knabe und Mädchen, beide nackt (jener mit dunklem, dieses mit hellem Incarnat), in Umarmung. H 14.

461 [F 380] Nackter Ephebe und eine mit Chiton und Shawl bekleidete Frau in Umarmung [Arme fehlen]. H 16, 5.

462 [N 662] Balsamar aus POLIZZI, in Form eines Ruhebettes, worin ein Ehepaar in Kuss und Umarmung beisammen liegt. Die Frau ist nur unterwärts bekleidet und hält l. einen Kranz, der Mann hat einen dicken Blumenkranz um den Hals gebunden. H 8.

463 [N 661] Dieselbe Scene, Bette und Gewänder roth bemalt.

464 [M 519] Mann und Frau hautrelief-artig neben einander sitzend, letztere einen Säugling an der Brust. H 15, 8. B 11.

Rohe Technik. Gerhard, arch. Anzeiger 1851 p. 27.

10. Brustbilder.

Nr. 465—476.

465 [N 1225] Oberleib eines ägyptischen Götterbilds mit Polos und zwei Brustschilden [Arme fehlen]. Archaisch; aus UNTERAEGYPTEN. H 5. Sammlung Palin.

466 [N 1270] Brustbild mit rohen Zügen und hohem ägyptischem Kopfschmuck aus Geierfedern, den Zeigefinger der r. Hand auf den Mund legend (Harpocrates). AEGYPTEN. H 7, 8. Sammlung Palin.

467 [N 411] Nacktes männliches Brustbild mit karrikierten Gesichtszügen. H 5, 8.

468 [N 849] Archaisches Brustbild der Artemis. Sie ist durch hohen Krobylos und drahtartiges Lockengeflechte ausgezeichnet; auf dem Rücken hängt der Köcher, dessen Band über der Brust sichtbar ist. H 9, 5.

469 [N 407] Brustbild einer Göttin mit Kredemnon. H 9, 5.

470 [N 619] Bekleidete Hydrophore, r. den Krug auf dem Kopfe festhaltend. H 10. NEAPEL. Sammlung Palin.

471 [N 384] Weibliche Büste mit bacchischer Epheubekränzung. H 6, 8.

472 [L 1472] Weibliche Gewandfigur mit Kopfbinde, einen Vogel mit beiden Händen an ihre Brust drückend. H 7.
Creuzer, Verzeichniss p. 20.

473 [D 114] Frau mit Diadem und rothgemaltem Chiton, der an der r. Schulter mit einem Knopfe befestigt ist. Den Ueberwurf zieht sie mit der erhobenen R. über die Schulter, die eine Brust ist entblösst. Hinten hohl. H und Br. 20.

474 [N 838] Weibliche Büste, r. das Gewand auf der Brust zusammenfassend. H 8. 5.

475 [N 412] Weibliche Büste mit Stirnband. H 8.

476 [N 823] Rohe weibliche Büste. Daneben ein Blatt als Handhabe. H 7, 4.

11. Köpfe. Nr. 477—569.

a) Männliche. Nr. 477—487.

477 [N ohne nr.] Bärtiger Kopf des Zeus mit Strahlennimbus. Spuren gelber Bemalung. H 8.

478 [N 1248] Archaischer Kopf einer ägyptischen Gottheit mit grossen Locken, blau bemalt. H 6, 5. Aus der Sammlung Palin.

479 [N 1223] Archaischer Kopf mit Kriegshaube. NEAPEL. H 3, 4. Aus der Sammlung Palin.

480 [D 121] Männlicher archaischer Kopf mit Stirnbinde, die Augen hohl. H 19.

481 [M 835] Etruskisirendes männliches Köpfchen. H 4, 5.

482 [O 1230] Kopf des Antinous mit runder schleierartiger

(ägyptischer) Kopfbedeckung, auf der eine Löwentatze sichtbar ist. ROM. H 5, 6. Aus der Sammlung Palin.

483 [A 38] Kopf eines Knaben, römisches Portrait. Hinten flach. H 20, 5.
484 [M 429] Männliches Köpfchen. H 4, 5.
485 [E 168] Schöner lockiger Ephebenkopf. Hinten flach. H 22.
486. 487 [M 821. 839] Lächelnde Knabenköpfe, der eine lockig und mit Spuren rother Bemalung. H 11 u. 12.

b) Weibliche. Nr. 488—569.

488 [M 1260] Kopf der Isis mit hohem ornamentiertem Modius. Die Verzierungen von Wasserrosen. ALEXANDRIA. H 8. Aus der Sammlung Palin.
489 [O 2272] Frauenkopf mit Modius aus PAESTUM. H 7, 4. Aus der Sammlung Palin.
490 [N 1289] Weiblicher lockiger Kopf mit grossen Augen und Kredemnon, das mit dem Haarschmuck gleichsam eine Draperie bildet. Archaisch. VELLETRI. Aus der Sammlung Palin.
491 [M 513] Archaischer weiblicher Kopf, die Haare über der Stirne mit einer Binde festgehalten. H 9.
492 [M 1238] Weiblicher Kopf mit sehr langem Hals. Archaisch. H 10. Sammlung Palin.
493 [M 1272] Archaischer weiblicher Kopf. H 8. Sammlung Palin.
494 [E 169] Frauenkopf mit Diadem in edelstem Stil. Hinten flach. H 18.
495 [N 394] Weibliches Köpfchen mit Diadem. H 6, 2.
496 [A ohne Nr.] Schöner weiblicher Kopf, hinten flach. H 20.
497 [M 445] Weibliches Köpfchen mit Stirnband und hohem Haarwulst. H 6.
498 [E 170] Frauenkopf mit Sphendone und Ohrgehänge. Hinten flach. H 18.

499—506 [M 437; N 385. 401. 442. 444 und eines ohne Nr.; O 433 und ohne Nr.] Frauenköpfchen mit Stirnband und theilweise mit Ohrgehänge. H 4—8.

507 [D 107] Lockiger Frauenkopf mit Kredemnon. H 31. Br. 19.

508—514 [M 413. 431. 827. 1254; N 439. 1303; O ohne Nr.] Weibliche Köpfchen mit Kredemnon. H 4—9, 4.
 827 archaisch.
 1254. 1303 aus UNTERITALIEN (Sammlung Palin).

515—521 [M 386. 392—93; N 397. 404. 428; O 816] Weibliche Köpfe mit bakchischer Bekränzung. H 6, 2—8, 6.
 816 mit Diadem und ursprünglich fleischfarbner Bemalung.

522—523 [N ohne Nr. 403] Weibliche Köpfe mit Locken. H 3, 6—5, 8.

524—531 [M 829; N 389. 396. 400. 429 und ohne Nr.; O ohne Nr. P 851] Frauenköpfe mit Haarputz. H 3, 4—11.
 829 mit Ohrgehänge.

532 [M 421] Weiblicher Kopf in edelstem Stil (fragmentarisch) H 8.

533 [O ohne nr.] Frauenkopf, etwas nach R. geneigt. Haare, Augen und Mund braunroth. H 7, 5.

534—567 [M 388. 415. 420. 425—26. 428. 430. 432. 436. 443. 830—34. 837. 1236 und zwei ohne Nr.; N 391. 399. 408. 414. 423—24. 434. 441. 819. 822. 1280; U vier ohne Nr.] Frauenköpfchen. H 3, 5—7.
 1236 in PÄSTUM 1829 gefunden (Sammlung Palin).
 1280 PÄSTUM.
 U ohne nr. ebendaher.

568 [M 11] Rohes weibliches Köpfchen.

569 [N 1268] Kopf einer alten Frau mit offenem zahnlosem Munde. NEAPEL. H 6, 2. Sammlung Palin.

12. Oscillen.

Nr. 570—605.

570 [O 846] Blau und roth bemaltes archaisches Gorgoneion mit fletschenden Zähnen. Hinten flach. H 6, 6.

571 [O 405] Archaisches Gorgoneion mit heraushängender Zunge und Eberzähnen. Hinten flach. H 6, 6.
 Vergl. Panofka Taf. 47, 4. 62, 2.

572 [O 844] Archaisches bärtiges Oscillum des Bakchos Hebon mit Hörnern. Die Bemalung war ursprünglich fleischfarben. Hinten flach. H 4, 5.
  Urlichs, Bonner Jahrb. II 63. Vergl. Panofka, Berl. Terracotten Taf. 47, 3.

573 [N 1263] Auf einer quadraten Platte ist das archaische Gesicht eines Greisen [Aeolus] mit strahlenähnlichen Haarbüscheln und weitem Mund angebracht, aus dem er einen gewaltigen Windstrom speit. SICILIEN. H 8, 6. Sammlung Palin.

574 [M 435] Archaische bärtige Maske mit Helm. H. 4, 4.
  Vergl. Panofka, Taf. 47, 6.

575 [R 712] Als Hautrelief eines Architecturstücks ein archaischer bärtiger Kopf mit spitzem Tutulus. H 8, 2.

576 [N 1262] Archaisches bekränztes Oscillum, bärtig mit schroffen Zügen, tiefliegenden Augen und herausgestreckter Zunge. Hinten flach. ROM. H 6, 2. Sammlung Palin.

577 [M 541] Männliche Maske in sehr alterthümlichem Stil, von einem drahtartig geflochtenen Nimbus senkrecht stehender Locken umgeben. H 15. Br. 15.

578 [N 842] Bärtige archaische Maske (nicht durchbrochen). H 7.

579 [O 840] Männliches archaisches Oscillum, hinten abgerundet. H 8.

580 [N 843] Rohes undurchbrochenes archaisches Oscillum. H 8, 2.

581 [R 706] Ornamentbruchstück mit archaischer Maske. H 5.

582 [R 715] Blindform (stampa) eines sehr alterthümlichen Kopfes in strengstem Stil. H 7.

583 [M 540] Maske des gehörnten Bakchos, das Haar mit Diadem, Trauben und Rosen geschmückt. H 11, 8 (dazu die ansehnlichen Hörner 4), Br. 11, 2.

584 [M 548] Maske des lockigen Bakchos. H und Br. 10.

585 [N 817] Geflügelte und mit Ohrgehänge geschmückte Maske

der MEDUSA im schönsten Stil, mit Spuren von Vergoldung. H 8.

    Gerhard, arch. Anzeiger 1851. S. 82. — Vergl. besonders Stackelberg, Gräber der Hellenen. Taf. 70, 7.

586 [M 539] Archaische Theatermaske. H 7.
587 [M 542] Tragische Maske. H 7, 6.
588 [O 841] Komische Silenosmaske. H 8, 2.
589 [N 884] Komische Maske, zur L. lachend, r. traurig. (Mund und Augen geschlossen). H 8.

    Vergl. Stackelberg, Gräber der Hell. Taf. 79, 5.

590 [M 544] Komische Maske sammt Hinterkopf; die Nase stark aufgeworfen, das Haar mit Binde und Laubwerk geziert. L. 14. Br. 10.
591 [M 438] Komische Maske; die Augäpfel schwarz, der Mund roth bemalt. H 5.
592 [O 845] Fragment einer durchbrochenen Theatermaske. H. jetzt 6, 5.
593 [N 1224] Lächelndes männliches Oscillum aus NEAPEL. H 6, 8. Sammlung Palin.
594 [P 658] Bärtige Maske mit leicht geöffnetem Munde. H 25.
595 [N 825] Männliche Maske (römisches Portrait). H 5, 4.
596 [N 387] Weibliche Maske mit rohem Haarputz. H 6.
597 [N 826] Weibliche Maske, bekränzt. H 7, 2.
598 [N 818] Rohe weibliche Maske. H 7, 4.
599 [N 419] Eine gleiche. H 5, 2.
600 [N 1242?] Weibliche Maske im edelsten Stil. H 11, 2.
601—603 [N 417. 442. 836] Weibliche Masken. H 4—5, 5.
604—605 [P 853. 855] Masken die nur den obern Theil des Gesichts bis zum Munde darstellen. H 7 und 9, 4.

13. Votivglieder und anatomische Präparate.
Nr. 606—609.

606 [D 120] Offene Hand. L. 19, 5.
607 [U] Fuss mit Sandale. L 12. Aus ATHEN (Acropolis).

608 [D 119] Fuss auf einer seine Form nachahmenden Platte. L 24.

> Votivfüsse u. a. im Mus. Worsleyano 9, 3 und bei Passeri II 72. 73.

609 [Q 693] Die männliche Eichel.

---

14. Thierreiter.

Nr. 610—619.

610 [P 909] **Eros** auf dem Delphin, in den Händen Becken. (Fragment.) L 4, 5.

611 [F 373] **Arion** auf dem Delphin reitend; die Chlamys hängt ihm über der Schulter und ist vorn am Halse zusammengeheftet; mit der R. spielt er die Kithar. Rothe Bemalung des Incarnats. H 16, 6. L 16.

> Abgebildet Walz, Polychromie der antiken Sculptur. Taf. 2, 3.

612 [C 195] Knabe mit phrygischer Mütze und kurzem Kleid, auf einem Hahn reitend, auf dessen Rücken er sich mit den Armen bequem auflegt, (aber ohne selbst wieder einen Hahn zu tragen). Die Fleischtheile roth bemalt. H 16, 6.

> Abgebildet bei Walz, Polychromie der antiken Sculptur (Tübingen 1853) Taf. 2, 1. Panofka, (Berl. Terracotten. Taf. 31, 2. pag. 99) erklärt eine ähnliche Figur als Himeros. Gerhard, arch. Anzeiger 1851 pag. 29 denkt an den Morgenstern (Phosphoros). Walz deutet fälschlich auf einen Genesenen, der zum Tempel des Aesculapius reite, um da sein Opfer zu bringen.

613 [N 504] Knabe mit Stirnband, halbnackt auf einem Hunde reitend. H 11.

614 [F 377] Ein Knabe mit der Chlamys bekleidet, reitet auf einer Kuh, an deren Horn er sich mit der L. festhält, während die R. fest am Körper anliegt. H 13.

> Gerhard, arch. Anzeiger 1851. p. 29 denkt an Kadmos.

615 [N 1241] Bärtiger Mann zu Pferde. Archaisch, aus NEAPEL. H 9, 6. L 11, 6. Sammlung Palin.

616 [M 1278] Knabe mit flatternder Chlamys auf einem Pferde reitend. ALEXANDRIA. Sammlung Palin.

Der handschr. Katalog vermuthet einen Harpocrates.

617 [O 1222] Kleine zwerghafte männliche Figur aus braunem Thon, mit Kriegshaube und rundem Schild, die R. an den Kopf legend [Füsse und Pferd, auf dem sie ursprünglich ritt, fehlen]. Ich vermuthe eine ägyptische Gottheit. H 7, 5. Sammlung Palin.

618 [F 372] Ein unterwärts bekleidetes lockiges Mädchen (kein Knabe) mit Ohrringen, auf einem Schwan reitend, während es die L. auf die Brust legt. H 17.

Abgebildet bei Walz, Polychromie. Taf. 2, 4.

619 [M 538] Nackter Knabe [Jakchos] auf einem Opferschwein knieend, an dessen Borsten er sich festhält. H 9. L. 8, 6.

Vergl. Panofka, Berliner Terracotten Taf. 59, 1—3. pag. 151 f.

---

15. Halbthierische und thierische Bildungen. Thiermasken.

Nr. 620—655.

620 [A 26] Die durch eine schöne Abhandlung Gerhard's unter dem Namen „Jo die Mondkuh" bekannte sicilische Thonfigur. Jo, die Tochter des argivischen Königs Inachos erscheint hier in Kuhgestalt mit edlem lockigem Frauenantlitz und weiblicher Brust und Armen; der ärmellose Chiton ist seinem obern Theile nach noch sichtbar, während der Leib von der Hüfte abwärts (nicht mit einem Felle behängt sondern) schon in starke thierische Bauchfalten umgewandelt ist. Den Kopf ziert ein breites lang herabfallendes Stirnband[1]), das zugleich um ihre Kuhhörner gewickelt ist, ausserdem aber zwei hohe Ziegen-

---

[1]) Auf der r. Seite abgebrochen.

hörner. Sie hält den l. Arm vorgestreckt, den r. erhebt sie[1]); auch ist der r. Vorderfuss im Schreiten begriffen. — In der Mitte und hinten ist eine Stütze angebracht. H 41, 2. L (mit den Armen) 41. CENTORBI (Pisani'sche Sammlung).

 E. Gerhard, mykenische Alterthümer (10. Programm zum Winckelmannsfest, Berl. 1850. mit Abbildung) betrachtet sie als Figur der äschyleischen Tragödie, die Weissagung des Prometheus empfangend, also im Sinne des attischen Theaters. Ich fasse sie nach Kleidung und Gebärde lieber als „im Moment der Verwandlung" angstvoll die Hände ringend.

 Ueber die Sage selbst vergl. Gerhard, Mythologie II 793, Preller II 26 ff. Welcker, Trilogie 126 ff.

621—623 [P 858 und ohne Nr.; Q 670] Delphine. L. 9—11.

 670 mit fleischfarbner Bemalung.

624 [P 856] Packesel, auf dessen Rücken ein bewachendes Hündchen sitzt. H 9.

625 [C 177] Gans, ursprünglich roth bemalt. H 12.

626—627 [C 175. 179] Hähne. H 11—12.

628 [C 859] Hahn mit rothbemaltem Kamme. [Die Beine fehlen] L 5, 7.

629 [U] Hahn von roher römischer Technik. H 9, 5.

630 [O 680] Hund mit zwei Körben beladen (von denen der zur R. abgebrochen ist). H 5, 8. L 7, 5.

631 [P 690] Sitzender Hund. H 8, 5.

632 [P 906] Hundsköpfchen [Fragment] mit heraushängender Zunge.

633 [M 1257] Igel als Lekythos. SICILIEN. H 7. Sammlung Palin.

634 [M 1239] Kleiner liegender Löwe in etrurischem Stil. VOLCI. L 3, 2. H 1, 4. Sammlung Palin.

635 [P 676] Löwenkopf mit offenem Rachen als Schluss einer Fistula, mit Spuren violetter Bemalung. D 8, 5.

---

[1]) In den Händen hielt sie schwerlich etwas.

636 [P 860] Löwenkopf mit offenem Rachen als Brunnenmaske, an einem Architecturstück. Br. 6.

637 [P 679] Pferd mit Stirnscheibe und rundem Brustschild. H 11. L 10, 5.

638 [C 173] Pferd, mit der runden Stirnscheibe geschmückt. Ursprünglich weisse Bemalung. H 11.

639 [M 536] Pferd. H 12, 8. L 10, 8.

640 [N 716] Pferdekopf mit reichverziertem Zaum, der auf der Brust strahlenförmig erscheint. H 18.

641 [M 1237] Pferdekopf als Spitze eines Rhyton. SICILIEN. H 8. Aus der Sammlung Palin.

642 [P 678] Schwein. H 7. L 10, 4.

643 [N 1269] Schwein. L. 9, 5. H 5, 8. SICILIEN. Sammlung Palin.

644 [O 677] Wildschwein. H 7, 2. L 11, 2.

645 [O 717] Stier. H 10. L 14.

646 [Q 665] Stierkopf. H 10, 2. L 7.

647 [N 1249] Taube mit ausgebreiteten Flügeln. SICILIEN. H 2, 6. Sammlung Palin.

648 [C 172] Taube. H 14.

649 [C 174] Taube. (Spuren röthlicher Bemalung). H 13, 6.

650 [C 176] Taube. Die Brust ist blau, Augen und Schnabel braunroth, der Halsring violett gemalt [Füsse fehlen]. H jetzt 13. L 21.

651 [M 537] Taube [Beine fehlen]. L 10, 5.

652 [C 178] Täubchen. H 10.

653 [M 1304] Täubchen [Kopf fehlt] aus SICILIEN. L jetzt 5, 5. Sammlung Palin.

654 [C 197] Stehende Figur mit Vogelkopf- und Füssen, in kurzem Mantel, den runden Petasos auf den Rücken gebunden, die Arme am Körper anliegend. H 17, 12.

655 [N 502] Figur mit Kopf und Füssen eines Vogels; sie ist

mit kurzem Mantel bekleidet und trägt l. einen Korb am Henkel. H 13.

> Gerhard, arch. Anzeiger 1851. S. 31. Gewiss Motive aus der attischen Komödie, etwa den Vögeln des Aristophanes.

IV. Gefässe und Geräthschaften.
Nr. 656—754.

1. Griechische Gefässe mit Statuetten Reliefs Inschriften. Nr. 656—673.

656 [D 23] Prachtvolle bemalte Otra aus RUVO; auf ihrem Rücken die freigearbeitete Statuette einer sitzenden nackten **Skylla**, die den l. Arm gebietend ausstreckt, während sie die R. erhebt, und deren langer Fischschwanz mit gelb und roth kolorierten Flossen dem Gefässe als Henkel dient. Ihren Unterleib bilden drei springende Hunde, der mittlere von blasser Bemalung; ihre eigenen Haare sind roth, der Körper hat braune Streifen. — Auf jeder Seite der Otra ist r. und l. eine geflügelte schwebende Nike in hautrelief angebracht, deren (theils erhobene, theils gesenkte) Flügel blau bemalt sind, während die Haare und der fliegende Chiton rothe Farben tragen. Alle sind an der Hüfte gegürtet und ihrer drei halten in der gesenkten R. das Kleid an der Hüfte (die vierte einen Kranz) während sie l. eine Harpe in die Höhe halten. Der ehemals vielleicht gleichfalls bemalte Zwischenraum hat, sowie die Figuren selbst (H. 10) jetzt sehr gelitten. Untenher zieht sich ein rothes Band mit Voluten, am Halse ist ein blaues schlangenumgebenes Gorgoneion.

Der Grund des Gefässes war schwarz, und die Farben wurden auf Kreidegrund aufgetragen. H 33, L 33, 5.

> Ganz ähnliche Haltung der Skylla auf einer Lampe bei Passeri I 47.

657 [D 115] Auf niederem (beweglichem) Fuss ein grosses kelchartig geformtes Becken, auf dessen Vorderseite in hautrelief ein roth und gelbbemaltes Gorgoneion im schönen Stil von einer reichen Blumenguirlande umgeben erscheint. (Die seltsame Form eines Blüthenstengels kann bei genauerer Betrachtung nicht wohl als Eros gelten). Am untern Ende des Kelches Acanthusblätter. Spuren von Vergoldung. H 34. Dm 43.

    Dieselbe Technik wie der aus Centuripae (Centorbi) durch Panofka (Terracotten Taf. 63) u. Zahn (Ornamente der klassischen Kunstepochen Taf. 18) bekannten Fragmente.

658 [D 25] Relief eines Büchsendeckels aus RUVO. Zur L. sitzt ein nackter Jüngling [Adonis] auf einem Lehnstuhl, über den die Chlamys gebreitet liegt, und hält eine gleichfalls fast unverhüllte Frau [Aphrodite] umarmt auf seinem Schoose. Sie hat ihre Füsse auf ein Scabellum gestellt und nur ihr l. Bein ist vom Chiton verdeckt. Ein nackter Flügelknabe, in der erhobenen L. einen Apfel (?) haltend, kommt auf die Gruppe zu und legt seine R. auf die Schulter der Göttin. — Spuren rother Bemalung. H 8, 5. D 18, 2.

    Vergl. Roulez im Bulletin de Bruxelles VIII nr. 12. Früher deutete man die Scene auf Paris und Helena.

659 [A 32] Grosse aber flache Weinflasche, am Halse mit zwei kleinen Henkeln (Dm. 17, 2). Darauf in hautrelief das archaische Bild einer nackten, mit langen schwarzen Locken und Halsring geschmückten Skylla, die unterwärts in zwei geringelte, unbehaarte Fischschwänze ausgeht. Ein jeder von diesen endigt wieder in den Kopf eines Hundes. Ihre Arme hat sie gleichmässig erhoben, im r. trägt sie ein Schwert, l. dessen Scheide (?). Unten erscheinen zwei blaugemalte Delphine.

    Rev. Gorgoneion.

660 [J 263] Ephebe auf sprengendem Ross in kurzem dorischem Chiton und flatterndem Reitermantel, seinen zu Boden geworfenen Feind, über den er eben hinwegsetzen will, mit der Lanze tödtend. (Gerippter schwarzer Guttus.)

661 [O 631] Reiter mit fliegender Chlamys, eine Anhöhe hinaufsprengend. (Schwarzer Guttus).

662 [P 902] Geflügelte bekleidete Frau, r. einen Vogel tragend. (Guttus D 6).

663 [O 634] Auf niederm Sitz eine zwerghafte Figur mit komischer Maske (Guttus).

664 [K ohne nr.] Bärtige gelockte Zeusmaske (Schwarzer Guttus).

665—66 [D 109. 112] Gorgoneion (auf einer runden ungefirnissten Büchse von 10, 8 H und 10 D).

667 [C 245] Feingearbeitete Silenosmaske mit Glatzkopf; Haupthaar und Bart in spitzen Zöpfen (Relief eines schwarzen Guttus).

Gerhard, arch. Anzeiger 1851. S. 37 (nr. 37).

668—9 [244. 246] Masken (auf zwei schwarzen Guttis). Eine gleiche ist P 633 und K ohne Nr.

670 [P 911] Phantastische Figur mit Pferdeleib und 2 Pferdeköpfen, in deren Mitte ein menschlicher Kopf mit Strahlennimbus ist; der Vorderleib beider Pferde ist nach entgegengesetzten Seiten hin sprengend dargestellt (Askos D 5).

671 [D 113] Drei Trauben (auf einer Hydria mit gedrückten Seitenhenkeln. H 36.

672 [B 124] Grosse ungefirnisste Otra, auf deren oberer Fläche 99 griechische Buchstaben (ohne Sinn, also in beliebter archaischer Weise) in zwei concentrischen Ringen bustrophedon eingekratzt sind. Das Alphabet stimmt ziemlich vollständig mit dem ältesten griechischen der Inschriften von Santorin (Thera), deren dritte sich durch das vorkommende V ($\check{v}$ $\psi\iota\lambda\acute{o}\nu$) am passendsten vergleichen lässt. A begegnet fünfmal, darunter einmal auch in der Form die den Querzug von der Mitte des linken Grundstriches aus an den Fuss des rechten ansetzt; eckiges $B\tilde{\eta}\tau\alpha$ einmal, $\Gamma\acute{\alpha}\mu\mu\alpha$ (Λ) viermal, $\varDelta\acute{\epsilon}\lambda\tau\alpha$ viermal, schiefes $"E$ $\psi\iota\lambda\acute{o}\nu$ dreizehnmal (und einmal mit fehlendem Mittelstrich), H fünfmal, $'I\tilde{\omega}\tau\alpha$ achtmal, in gebrochenem Zuge einmal, in Schlangenform fünfmal, $\varLambda\acute{\alpha}\mu\beta\delta\alpha$ einmal, $N\tilde{v}$ neunmal, $\check{o}$ $\mu\iota$-

κρόν neunmal, eckiges Πῖ zweimal, Koppa einmal, eckiges 'Ρῶ fünfmal, Σίγμα (in der Form des heutigen M) vierzehnmal, Ταῦ zehnmal, 'Υ ψιλόν (V) einmal.

Es sind also nur noch fünf Buchstaben (Fζϑχμ) nicht vertreten. Die flüchtige Form erscheint ganz ähnlich auf dem bekannten Gefässe von Agylla (Franz elementa p. 22). Siehe die beigegebene Abbildung.

H 12, mit dem Henkel 18, 5; Oberer Dm 25, unterer 11; die Mündung ist abgebrochen.

673 [O 2264] Viereckte unten zugespitzte kleine Amphora von 16, 2 H und sehr roher Technik. Auf jeder Seite befindet sich in (deutlichen) Lettern eine Inschrift und eingepresste Blätter. AEGYPTEN.

1. OTO   2. QOT   3. EPA   4. ATIO
   ΥΔΙ   AN   ΤΥ   MO

---

2. Gefässe in seltenen Formen.

Nr. 674—683.

674 [D 118] Ungefirnisstes Balsamar in Form eines ruhenden Löwen der einen Widderkopf zwischen den Tatzen hält. L 20. H 16.

675 [G 159] Becher dessen Wölbung auf der einen Seite ein Zeuskopf, auf der andern ein behelmter Kopf der Pallas mit attischen Paragnathiden bildet. H 13, 5. D 7, 2 (moderne Copie). Dazu ein rundes antikes Piedestal. H 4, 6.

676 [N 691] Kleiner beschuhter Fuss mit vierfacher Sohle als Balsamarium. L 7. H 4, 6.

677 [P 864] Lekythos in Form eines Rings (von 10, 6 D). Die Mündung stellt einen Kopf dar; Henkel mit rother Bemalung.

678 [Q 671] Balsamarium in Form eines Beins mit orientalisirender Bemalung. Der Schuh ist mit schwarzer Farbe

und rothen und weissen Ornamenten angegeben. Auf der Kniescheibe befindet sich eine Rosette. H 19, 6.

679 [A 214] **Rhyton** in Form eines Schweinskopfes, mit Kreidegrund überzogen. H 20.

680 [A 1050] Schwarzer **Guttus** in Form eines liegenden Löwen.

681 [D 1092] Rundes, aber sehr flaches und beinahe gewichtloses **Balsamar.** H 13, 2. Br. 11, 6.

681a [A 40] Ein auf rundem Piedestal feststehender, unten cannellierter **Kantharos** mit Spuren vollständiger Vergoldung. H 16. D 11.

682 [U ohne nr.] Kleiner **Gefässhenkel** aus ATHEN (Theater).

683 [D 111] Ringförmiges Gestell einer Lampe; am Rand 12 strahlenähnlich auslaufende, durchbohrte Zacken für die Dochte. In der Mitte hohl zur Aufnahme des Oels. Dm 16, 8.

3. Ungefirnisste Vasen.

Nr. 684—689.

684 [A 39] **Ungefirnisste Amphora** mit Gorgonenhenkeln aus RUVO.

Am Halse das (auch auf den Henkeln wiederholte) Relief einer stehenden Zeusfigur, die, das Scepter in der erhobenen R., Brust und Arme entblösst, die L. in die Hüfte stemmend, in einer Kassette eingerahmt ist. R. und l. davon erscheint in grösseren Dimensionen ein nackter, mit Früchten bekränzter Jüngling (ohne Fackel) der mit übereinander geschlagenen Füssen sich an die Rückwand lehnt. Nur der l. Oberarm und das r. Knie sind spärlich vom Mantel bedeckt. — Die Wölbung des Gefässes ist cannellirt, die Volutenhenkel mit Masken geschmückt; ausserdem sind vorn kleinere Henkel in der Form von Schwanenköpfen angebracht. Spuren von Kreidegrund, mit dem das ganze früher überzogen war.

Der Untersatz auf welchem die Vase steht, ist antik, aber schwerlich dazugehörig. Er besteht aus einer quadratischen, an den Ecken durchbohrten Basis (L 21) mit aufgesetztem Kelch und misst 24, 5; die Vase selbst H 63. Dm 37.

Gerhard, arch. Anzeiger 1851. S. 37. (nr. 36).

685 [A 39] Ungefirnisste **Amphora** mit Gorgonenhenkeln.

Am Hals das Hautrelief des geflügelten **Hermes**, den Petasos auf dem Haupt, r. das Kerykeion.

Die Wölbung ist auf der Vorderseite cannellirt. H 48, 5. Dm 25.

686 [A 30] Ungefirnisste Vase mit Voluten- und Schwanenkopfhenkeln. H 50. Dm 24.

687 [R 728] Rundes Gefäss; r. und l. ein aufgeheftetes Akanthusblatt. H 10.

688 [Q 667] Rohes eiförmiges Gefäss, an dessen Mündung ringsum Palmetten von brauner Bemalung aufgeheftet sind. H 10. D 5, 6.

689 [A 42] Otra ohne Firniss. Sie hat oben zwei Oeffnungen, zwischen beiden einen grossen, in der Mitte unterstützten Henkel und ausserdem 2 Seitenhenkel. H 20.

4. Lampen.

Nr. 690—739.

690 [L 1474, bräunlich, L 13] **Aphrodite**, nur unterwärts bekleidet, aber mit Armringen geschmückt und von drei **Eroten** umgeben, ruht sitzend und den Lockenkopf auf beide Arme legend[1]) auf der Löwenhaut des **Herakles**. Vor ihr steht ein Oelbaum und liegt der Bogen des Halbgottes, hinter ihr seine Keule (keine Fackel).

Creuzer, Verzeichniss p. 20. 21.

691 [N 447, roth, L 12] Zwei bekleidete Gottheiten; die eine

---

1) Dieselbe Lage hat sie bei Passeri, lucernae fict. I 6, die umgekehrte bei Bartoli e Bellori I 8 (wo sie als Somnus erklärt ist).

männlich mit Strahlennimbus (Sol), die andre weibliche mit Kredemnon, eine Fackel tragend (Luna).
Rev: *Κελσει* d. h. Celsi (Name des Töpfers; vergl. Mommsen, Inscriptiones regni Neapolitani 6308, 11).

692 [N 470, rothbraun, L 11] Leda unverhüllt im Symplegma mit dem Schwan. Auf dem Revers der Stempel des Töpfers CLOD(ius).
Dieselbe Vorstellung bei d'Agincourt fragmens Taf. 28, 3.

693 [O 466, braun, L 13] R. und l. vor einem Altar, zu dem neun Stufen führen und worauf das Opferfeuer sichtbar ist, steht eine Mantelfigur. Die zur L. hält mit beiden Händen ein Gefäss, aus dem sie etwas in die Flamme zu giessen scheint; während der Mann zur R. mit ausgestreckten Händen betet. Oben steht ein Tempel mit Giebeldach und einer Fronte von sieben Säulen.

694 [O 474, dunkelbraun, L 13] Zwei kurzbekleidete Männer halten ein Schwein (über den Altar?), das der zur L. ausweidet.

695 [N 456, roth, L 17] Zur Rechten und L. eines Flusses sitzt auf den Uferfelsen ein mit dem Petasos bedeckter, hochaufgeschürzter Fischer und angelt. Der zur L. zieht eben einen Fisch herauf. Im Hintergrund ist ein Tempelchen mit Kuppeldach und 3 Säulen sichtbar, zu dessen beiden Seiten Delphine schweben. — Als Griff ein sitzender Vogel (archaischen Stils) mit ausgebreiteten Schwingen.

696 [O 452, bräunlich, L 12] Zwei auf dem Boden spielende nackte Knaben.

697 [N 476, braun, L 12] Nackter Knabe, der zwei junge Widder füttert. Hinter ihm ein Baum, zur Seite ein bekleideter Mann, der Gruppe zuschauend.

698 [L 1476, braun, L 11, 8] Auf einem Bette, vor dem ein kleiner Tisch mit Gefässen steht, Mann und Frau in obscönem Symplegma. Ringsumher laufen eingekratzte Buchstaben ohne Sinn.
Creuzer, Verzeichniss p. 21.

699 [N 451, roth, L 10, 4] Artemis in eiligem Lauf, mit dem fliegenden dorischen Chiton bekleidet und in jeder Hand einen Jagdspeer tragend; voraus ein Jagdhund.

700 [N 450, hellroth, L 9, 6] **Europa** auf dem Stier reitend, an dessen Horn sie sich r. festhält. Ihr Gewand, das bogenförmig um sie flattert, sucht sie mit der L. wieder zusammenzufassen.

701 [N 458, roth, L 11] **Wagenlenker** mit rennender Biga, r. die Geissel schwingend.

702 [N 498, roth, L 11] **Satyrisk**, eine Fackel tragend. Roh.

703 [O 488, dunkelbraun, L 11] Nackter **Satyrisk** unter einem Baume vor seinem Henkelkörbchen sitzend.

704 [N 457, hellroth, L 11] Alter Mann (**Pappus**), mit dem Mantel bekleidet, r. auf einen langen Stab gestützt.

705 [O 493, dunkelbraun, L 13] Nackter schreitender Knabe (einen Stab tragend?)

706 [N 499, schwarz, L 11, 3] Rechts und l. von der Mündung ein nackter Knabe.

707 [O 481, braun, L 11, 2] Archaisirend. In einer Cassette zwei Theatermasken mit strengsten Gesichtszügen; der männliche zur L. hat Stirnband, krausen Bart und Locken; der weibliche l. hat die Haare in lange, drahtartig geringelte Flechten geordnet.

    Gerhard, arch. Anzeiger 1851. S. 32 fasst das Bild als eine tragische und komische Maske.

708 [O 2254, braun, L 9, 4] Brustbild des jugendlichen **Sol** mit Lockenkopf und einem aus fünf langen Strahlen bestehenden Nimbus. Römisch.

    Ebenso Passeri lucernae fict. I 83. 84.

709 [O 480, roth, L 15, 5] **Hermeskopf** mit beflügeltem Petasos. Hinter ihm das Kerykeion. — Die Handhabe der Lampe hat die Form eines Ankers.

710 [L 1473, grau, L 11] Büste der behelmten **Athene**. Auf dem Rev. eingekratzt der Töpfernamen *SCAIKIOT* (im Genitiv) Aus dem MUSEO NANI.

    Creuzer, Privatantikensammlung p. 43, Verzeichniss p. 20.

711 [O 463, braun, L 15] In der Mitte eines eingepressten Kranzes von Epheublättern befindet sich ein schwarzes Medaillon mit behelmtem Frauenkopf [der Athene]. Der Helm ist hinten ausgezackt und zeigt eine Schlange in hautrelief.
>Gerhard, arch. Anzeiger 1851 p. 32.

712 [N 460, weissgrau, L 9, 6] Alterthümlich bärtige Maske.

713 [N 469, braun, L 11] Brustbild eines Knaben.

714 [N 455, roth, L 9, 3] Frauenkopf.

715 [O 489, braun, L 9, 7] Adler mit ausgebreiteten Schwingen auf Globus und Blitz stehend, einen Palmzweig im Schnabel.
>Vergl. Bartoli-Bellori II 3.

716 [O 477, roth, L 11, 2] Zwei Fische. Auf der Rückseite der Töpferstempel CIVNDRIO Caii Junii Dri.... officina.
>Der Buchstabe N ist verkehrt.

717 [O 472, braun, L 12] Hahn mit Palmzweig.

718 [N 471, braun, L 11, 6] Grosser Hund.

719 [O 482, roth, L 10] Pegasus.

720 [B 1089, grau, L 10] Zwei zerquetschte und im Brand zusammengebackene Lampen. Hautrelief: Rennendes Flügelpferd.

721 [O 2253, roth, L 10] Schwein im Laufe. Rev: unleserlicher Töpfername.

722 [465, grau, L 10, 8] Schwein im Laufe. Hinten die Zahl IV eingekratzt.

723 [O 662 e, schwarz, L 17] Schweinsköpfe und Mäander.

724 [N 1090, grau, L 11, 2] Ein Phantasiethier mit dem langen Leib und Schweif eines Leoparden, aber nur zwei Beinen, hält mit dem einen Fuss einen unkenntlichen Gegenstand in die Höhe. Hinter ihm steht eine dorische Säule mit Gefäss; oben im Feld eine Blume und geringelte Schlange. Wahrscheinlich ein maskirter Joculator.

725 [L 1477, ursprünglich roth, L 9, 5] Zwei verschlungene Hände, die ein Kerykeion halten. — Rev: CATILVEST.
>Creuzer, Verzeichniss p. 21 (fälschlich VET).

726 [J ohne nr., braun] Helm Schwert und Schild.
727—8 [O 464 und 487, roth, L 16 und 15] Mondsichel, von Sternen umgeben.
    Vergl. Passeri I 91. Bartoli II 12.
729 [N 448, braun, L 10, 5] Kranz von blühenden Zweigen.
730 [N 449, grau, L 10] Blätterschmuck. Rev: LVCI (Töpfername).
    Siehe nr. 735.
731 [B 1088, braun, L 9, 5] Unten der Stempel CIVNAIF.
732 [P 486, grau, L 13] Rev: CIVNDRA, wozu nr. 716 zu vergleichen.
733 [O 2266, braun, L 12] Auf der Rückseite erhaben FORTIS. 1828 in POMPEII gefunden.
734 [J 1084, röthlich, L 11] Römische Lampe mit dem Töpferstempel CIVLINEC.... d. h. Caii Juli Nec.....
735 [N ohne nr., gelblich, L 9, 2] Auf dem Rev: LVCI.
736 [O 478, roth, L 11, 2] Das christliche Monogramm, aus ligiertem XP bestehend. Roh.
737 [N 453, roth, L 18] Rev: eingekratzt $K\epsilon\lambda\sigma\epsilon\iota$. — Als Griff der Lampe ein Thierchen mit halbmondförmigem Schwanz; innen eine kleine Eidechse.
    Vergl. Nr. 691.
738 [R 721, roth] Grosse rohe Lampe mit 6 Dochtöffnungen.
739 [O 613] Schwarzes Lämpchen, einen Kopf vorstellend, dessen Mund als Dochtöffnung dient. L 9, 8.

5. Römische Schalen von rother Thonerde.
Nr. 740—747.

740 [L 1495] Römische Schüssel aus RHEINZABERN mit dem Relief einer Jagd und dem (auf demselben Raume doppelt ausgedrückten, darum nicht recht deutlichen) Töpfernamen CERIVALIS. H 10, 8. D 20.
    Creuzer, Verzeichniss p. 23. Wegen des Namens vergl. meine Inscriptiones terrae coctae 658—667.

741 [L 1496] Fragment einer Schüssel; darauf in Hautrelief und von Kreisen eingeschlossen 2 oberhalb in Wolfskostüm gekleidete Männer (beim Feste der Lupercalien); zwischen ihnen eine Pansmaske. LADENBURG AM NECKAR.

    Creuzer, römische Cultur am Oberrhein S. 74 (zur Archäol. II p. 530. nr. 5. Taf. II nr. 5). Verzeichniss p. 23. Darnach die Abbildung in Wagener Handbuch, Fig. 700.

742 [U] Relieffragment: Nackte geflügelte Nike, das r. Knie eingebogen.

743 [D 1119] Schale; innen der Stempel S. M. T. (D 12.)

744 [D 1096] Becher, an der Mündung gezackt, mit goldnen und schwarzen Blumen geziert. H 7.

745 [E 1116] Teller. Innen der Töpferstempel VENCMARVS. D 25.

    Vergl. meine Inscriptiones terrae coctae 2084—85.

746 [E 1117] Schale mit theilweise verwischtem Stempel VEX....F. (D 14, 8).

747 [N 1114] Kleine Schale; der Stempel (wahrscheinlich eine Zahl) ist verwittert.

6. Geräthe.

Nr. 748—754.

748—9 [M und U ohne nr.] Senkloth eines römischen Maurers. H 8 und 7, 6. Letzteres aus ITALIEN.

750—51 [P 901. Q 692] Runde Scheiben zu ähnlichem Zweck. D 7, 7.

752—754 [U] Mehrere in der Mitte ausgeschweifte Stücke (L 6) eines thönernen römischen Fussbodens in MAROS PORTO (Alba Julia). Früher (vor 1836) im Besitz des Dr. Incze in Carlsburg.

Register

Abschied des Kriegers 8.
[ACHILLEUS] mit Aias beim Bretspiel 2.
Acroterien mit Palmetten verziert 4. 6. 94.
Adler auf Hades Scepter 4, des Zeus 715.
ADONIS 658.
Aehre und Aehrenkranz 4.
AEOLVS 573.
Aetoma mit Maske 4.
[AIAS] mit Achilleus beim Bretspiel 2.
ALEXANDROS (Paris) 36.
Altar 9. 91. 96. 111. 129. 213. 220 mit brennendem Opferfeuer 216. 693.
Amazonen, im Kampf gegen die Chimaira 4, gegen Herakles 26, zum Kampf ausfahrend 32. 298. 299, sterbend 332.
Amphora der Aphrodite 373.
Ankleidescene 120.
ANTINOUS kopf 452.
Apfel 92. 374.
APHRODITE 373. 381. 384. 402—4. 413. 458, Anadyomene 382, Kallipygos 383, in Rüstung 7, beim Parisurtheil 36, Blumen pflückend 39, von Eroten geschmückt 7, im Bad (41), auf Herakles Löwenhaut schlafend 690, bei Adonis 658.
APOLLON kitharspielend 132, neben Athene Hermes und Dionysos 26, neben 2 Frauen und dem Reh 25.
Arbeitskörbchen 124.
ARION 611.

ARTEMIS 369—71. 468. 699, neben Apollon (25), ihr Kopf 340.
ATHENE dem Kampfe des Bellerophon zuschauend 4, neben Apollon Hermes und Dionysos 26, beim Parisurtheil 36, vor Zeus 95, ihre Büste 710, ihr Kopf 675. 711, vergl. Palladium.

Backwerk 157. 318.
Badescene 41.
Bakchanten tanzend 30. 36. 120, vgl. Mainas.
BAKCHOS 584, Hebon 572, gehörnt 583.
Band um den Lanzenschaft 36, um das Scepter 4. 36. 40.
BEBON ägyptische Gottheit 349.
Bein als Balsamgefäss 678.
BELLEROPHON im Kampf gegen die Chimaira 4.
Biga 25. 701.
Blätter als Kopfschmuck 4. 36, als Votivscheibe 338, blätterbesteckte Nebris 36.
Blumen als Kopfschmuck 130. 131, vgl. Modius; in hautrelief 339. 657.
Bretspiel 2.
Brunnen 4.
Brüste weibl., in Mehrzahl 418. 419.

CHIMAIRA 4.

Danaide 4.
Delphin 11. 610—11. 621—23. 659. 695.
DEMETER 372, Kurotrophos 422.

DIOMEDES gegen Dolon kämpfend 28.
DIONYSOS 350, bärtig 1. 26, mit dem Trinkhorn 168, mit seinem Thiasos 1.30, sein Kopf (archaisch) 327.
DOLON von Odysseus und Diomedes angegriffen 28.
Doppelflöte 3. 30. 36. 451.
Dreizack 4.

Eber 4. s. Schwein.
Eichel (männliche) 609.
Eichelknopf (unten am Scepter) 36.
Eidechse 737.
Eileithyien 1.
Erhabene Arbeit an Vasenbildern 36. 39.
Erinyen 4.
ERIS 36.
EROS 7. 36. 39. 151. 458, hermaphroditisch 41, mit Apfel (658), auf dem Delphin 610, drei Eroten 7. 690.
Esel 624.
Eule 193. 303.
EUROPA auf dem Stier 700.
EUTYCHIA 36.

Fächer 5. 94.
Fackel 3. 4. 220. 702, der Artemis 340. 369—371, der Demeter 372, der Luna 691.
Fackellauf 304.
Faun 351.
Federn als Kopfschmuck 466.
Fehler in der Bemalung der Vasenbilder 1. 5. 25. 26. 298. 299, in der Zeichnung 32. 152. 298.
Fell als Bekleidung 4; vgl. Nebris.
Fenster, quadratische 218. 305.
Fischer 695.
Fischteller 44. 221.
Flügelpferd 4. 146. 719. 720, als Helmverzierung 36.
Frauen mit ausgestreckten Händen 1. 3. 39. 40, mit Flügeln 367. 368. 662.

Früchte als Kopfschmuck 4. 39. 215. 412. 439. 583. 684.
Fruchtkästchen 6. 36. 41. 60. 130. 215.
Fruchtkörbchen 5. 38.
Fruchtschale 5. 41. 92. 96. 133. 147. 212. 215—19.
Fuss als Votivglied 607. 608, als Balsamar 676.

Gans 280. 423. 625.
Gebäude 4.
Gefässe auf Vasenbildern 3. 4. 5. 7—10. 26. 39. 41. 64. 91. 94. 95. 111. 113. 120. 126. 127. 129. 130. 136. 300.
Geissel 4.
Goldschmuck im Haar 4.
Gorgoneion 4. 36. 94. 570. 571. 656. 657. 659. 665. 666. 684, geflügelt 585, als Votivscheibe 333—337.
Göttervereine: Zeus Pallas 95, Zeus Hera Athene Aphrodite Hermes Helios Nike Eris Klymene 36, Zeus Hermes und zwei Eileithyien 1, Poseidon Athene Hermes Pan 4, Apollon [mit Artemis und Leto] 25, Apollon Athene Hermes Dionysos 26, Dionysos Hermes 30.
Grabstelen 5. 94. 130. 131.
Greif 320.

HADES 4.
Hahn 612. 626—29. 717.
Hand als Votivglied 606.
Harpe (der Nike) 656.
HARPOKRATES 466.
Hase 243. 307. 325. 367.
HEKATE (4).
HELIOS 4. 36.
Henkelkorb 213. 703, mit drei Füssen 10.
HERA 36, Kopf 319.
HERAKLES bartlos 4, im Amazonenkampf 26, sein Kopf 106, seine Waffen 690.

Hermaphrodit mit Flügeln (sogen. Mysteriendämon) 41. 43. 60. 64. 91. 92. 133. 134. 136. 147. 192. 212. 214. 216. 218. 307. 360.
Hermen 4. 344—46.
HERMES 4. 36. 685, bärtig 1. 26. 30, Kriophoros 348, sein Kopf 709.
Heroon 5. 6. 94.
Heuschrecken 272. 296.
Hilinos 120.
HIMEROS 36.
Hirsch 320.
Hirschfüsse des Lehnstuhls 299.
Hirtenstab 36.
Hunde 29. 34. 36. 306. 370. 371. 613. 624. 630. 631. 699. 718, der Skylla 656. 659.
Hundskopf 632.
Hydrophore 470.

Jagdscene 740.
IAKCHOS auf dem Schwein 619.
Igel 633.
Inschriften auf Vasen 3. 35. 39. 40. 42. 120. 121; sinnlose 10. 32; auf Terracotten 324. 346. 473. 672. 691. 692. 698. 710. 716. 721. 722. 725. 730—37. 740. 743. 745—47.
IO die Mondkuh 620.
IRIS 95.
ISIS 401. 488, Herme 346.
ISMENE am Brunnen 27.
Ti. Juliu(s) Periander 324.

Kadiskos 38. 96. 136. 147. 192. 212. 217.
Karyatiden 348
Kästchen 45. 93. 94. 133. 192. 212. 218, mit halboffenem Deckel 6. 38. 94, offen 5. 131, vergl. Fruchtkästchen.
KASTOR 40.
KERBEROS 4.
Keule 4. 106. 690.
Kithar 132. 611, fünfsaitig 4. 25

42, siebensaitig 30, mit Tänien geschmückt 4.
Kitharspielerin 452. 453.
KLYMENE 36.
Knabe als Wettrenner (Keletizon) 34, spielend 329. 330. 358. 365. 696. 697. 705. 706, auf Hahn 612, Hund 613, Kuh 614, Schwein 619.
Knotenstock 5. 131.
KORAkopf 339.
Krieger 298—300. 617, Abschied des K. 8, Heimkehr 25, im Kampf 29. 152, zu Pferd 239. 660, Kriegerkopf 479,-maske 574.
Krummstab 37. 42.
Kugel 348.
Kuh 614. 620.

LEDA 692.
Leiter 39.
LETO (25).
Löcher an den Terracotten 320 (Note).
Löwe 62. 178. 634. 674. 680.
Löwenkopf 635. 636.
Löwenmasken 19, an der Quelle 27.
Löwentatze 482.
LUNA 691.

Mädchen auf dem Schwan 618.
MAINAS 3.
MARSYAS 3.
Masken 168, als Henkel von Gefässen 19. 22. 61. 71, Theatermasken tragische 586. 587. 707. komische 454. 455. 588—92. 663.
Modius (bei Männern) 347. 464, (bei Frauen) 4. 366. 372. 411. 412. 416. 418. 419. 422. 423. 425. 489, mit Blumen geschmückt 405. 468, früchtebesteckt 412.
Mondsichel 727. 728.
Monogramm (christlich) 736.
Mundriemen für die Flöte 451.

Nebris 36. 120.
Nereide 326.
NIKE 4. 9. 36. 122. 656. 742, auf

dem Rücken einer Sterblichen 456. 457.
NIKONDAS Pferdename 146.
Nimbus 4. 477. 670. 691. 708.

ODYSSEUS im Kampf gegen Dolon 28, in Polyphemos Höhle 32.
OINOMAOS 325.
Okladias 1. 132. 168. 298. 299.
Opfer 693. 694.
ORPHEUS 4.
Oscillen 570—605.

Palästriten 9. 96. 126. 127. 130. 131. 134. 136. 150. 212. 215. 217. 218. 300, Diskobolen 35. 50, im Fackellauf 304, mit Waffen 29. 152, mit Pferden 42. 152. 661, mit Salbgefäss 125, mit Striegel 8. 35. (92).
Palladion 2.
PAN 4. 741.
Panther 123. 280, s. Thiergruppen orientalischen Stils.
PAPPUS 704.
PARIS 36.
PERSEPHONE 4.
Pfeiler der Palästra 35. 127. 134. 304.
Pfeilerfiguren in Terracotta 399—409.
Pferde 34. 40. 42. 152. 319. 615—17. 637—39. 660. 661, Pferdekopf 640. 641.
Phrygische Tracht 4. 5. 8. 32. 36. 239. 298. 299. 612.
PHTHAH ägyptische Gottheit 361.
Platte am Pferdegebiss 36.
POLYDEUKES 40.
POSEIDON 4.
POSTHON 3.
PRIAPOS 344.
Psiax 120.

Quadriga 4. 31. 32. 36. 132. 298. 299. 325.

Rabe 27.

Reh 25. 31.
Rhyton 30. 168, mit Pferdekopf 641, Schweinskopf 88. 679, mit zechendem Silenos 89.
Riemenharnisch 359.
Ring am Finger 4.

Sandalenbinderin 398. 406.
Satyrn 135, im Festzug 3, mit der Doppelflöte 30. 36, kitharspielend 30, tanzend 1, zechend 89, Satyrmaske 667.
Satyrisk 3. 702. 703.
Säugling 374. 410. 422. 464.
Säulen 325. 693. 695, dorischen Stils 6. 30. 400. 724, jonischen 4. 5. 94. 133. 409.
Scabellum 4. 124. 658.
Scepter 3. 37. 95. 122. 299. 684, mit Adler 4, mit Widderkopf 1.
Schauspieler 451. 455.
Schildzeichen: Flügelknaben 36, zwei Kugeln 28, Rosette 7. 8, Satyrmaske 2, Trinkhorn 26, Vogel 28.
Schlangen 711. 724, der Erinys 4, der Aegis 36. 95, Schlangenkopf 4. 185. 326, Schlangenschleife der Medusa 333. 335.
Schlauch 455.
Schwan 135. 153. 155. 258. 259. 271. 274. 618, der Leda 692. Schwanenköpfe als Henkel 4. 686.
Schwein 642—44. 721. 722, als Opfer 366. 372. 619. 694, Schweinsköpfe 723.
Seepferd 326.
Senkloth 748. 749.
SILENOShermе 345.
SISYPHOS 4.
Sklave 363.
SKYLLA 656. 659.
SOL 691. 708.
SOTELES 3.
Sphinx 4. 97. 154. 258.
Spiegel 5. 7. 41. 60. 63. 131. 133. 147. 217. 244.
Spinnerin 10. 124. 157.

Stier 645, marathonischer 90, der Europa 700, Stierkopf 646.
Stirnschmuck der Pferde 4. 637. 638.
Syrinx 4.

Tänzer 432—33. 454.
Tänzerinnen 36. 434—49. 454.
Taube 47. 328. 375. 647—653, mit Kranz 306.
Tempel 693. 695.
THESEUS im Kampf mit dem marathonischen Stier 90.
THETIS 11. 424.
Thiergruppen orientalischen Stils und Phantasiethiere 4. 33. 169—171. 173. 198. 240. 245. 273. 275. 670. 724. 737.
Thierverkappungen 654. 655. 741.
Thyrsos 3. 9. 96. 127, von Rohr 36.
TRITON 364.
Tutulus 363. 575.
TYDEUS 27.
Tympanistria 36. 450.

Tympanum 96. 129—131. 134. 136. 216. 305—307.
TYPHON als Kriegsgott 349.

Unterwelt 4.

Vergoldung 36. 39. 319. 373. 585. 657. 681 a. 744.
Vögel 14. 46. 98. 107. 156. 262. 325. 377. 472. 662. 695; vergl. Adler Eule Gans Greif Hahn Rabe Schwan Taube.

Wagenlenker römischer 359.
Waschbecken 41.
Wettrennen 34.
Widder 32. 348. 697, Widderkopf 1. 674.
Wolfskostüm 741.

Zeus 1. 36. 95. 684, sein Kopf 477. 675, seine Maske 664.
Zwerghafte Figuren 121. 297. 349. 617. 663.

Fundorte

AEGYPTEN 466. 673.
Unterägypten 465.
    Alexandria 349. 361. 401. 488. 616.
GRIECHENLAND 381. 431.
    Athen 120. 303. 310. 323. 415. 421. 607. 682.
SICILIEN 258. 311. 327. 573. 633. 641. 647. 653.
    Syracus 27.
    Akragas (Girgenti) 1. 2. 3. 26. 30. 34. 37.
    Centorbi 620.
    Polizzi 369. 390. 462.
ITALIEN 749.
Unteritalien 340. 511. 513.
    Locri 32. 40.
Apulien 8. 134. 136. 300.
    Ruvo 4. 5. 11. 36. 39. 41. 656. 658. 684.
Basilicata 7.
    Paestum 489. 550. 563. 567.
    Neapel 470. 479. 569. 593. 615.
    Herculanum 139. 142. 143.
    Pompeii 733.
    Pozzuoli 376.
    Baiae 132. 144. 145.
    Nola 10. 31. 95. 146.
    Capua 380.
    Rom 482. 576.
    Velletri 490.
    Vulcei (Volci) 168. 298. 299. 301.
    Adria am Po 122.
SIEBENBÜRGEN: Maros Porto 752—754.
DEUTSCHLAND: Ladenburg am Neckar 741.
    Rheinzabern 740.

Onomasticon

Abacus Platte; der oberste Theil des Kapitells.
Acropolis Burgpalast.
Acroterion Postament auf dem Giebelende der griech. Gebäude.
Aegis Schuppenpanzer der Athene.
Alabastron kleines Salbgefäss ohne Henkel und unten abgerundet so dass es nicht stehen kann.
Amphora Gefäss mit zwei Henkeln.
Annulus grösserer Rundstab (an der Säule).
Ara Altar.
Archaisch ältesten Stils.
Aryballos Balsamgefäss mit starker Wölbung.
Askos Schlauchgefäss.
Astragalos Stein beim Bretspiel. — Rundstab (als architectonisches Glied).
Auriga circensis Wagenlenker bei den (römischen) Spielen im Circus.
Bakchantin Begleiterin des Bakchos (Dionysos).
Balsamar Balsamgefäss.
Basis Fussgestell.
Biga Zweigespann.
bustrophedon Schrift deren erste Zeile von links nach rechts, dann von r. nach links u. s. w. läuft.
cannelliert (z. B. von der Säule) ausgekehlt, gerippt.
Chiton das weisse Untergewand; **dorischer** Chiton sehr kurz.
Chlamys Mantel.
Diadem Stirnbinde.
Diskobol Diskoswerfer.
Diskos Wurfscheibe.
Echinus der Haupttheil des Kapitells (mit den Wangen).
Eileithyia Geburtshelferin.
Ephebe Jüngling.
Erinys Furie (Rachegöttin)
Fistula Wasserleitungs-Röhre.
Gorgoneion Maske der Gorgo (Medusa).
Guttus Tropfgefäss mit engem Hals.
Harpe Gekrümmtes Messer.
Hautrelief erhabne Arbeit.
Heroon Tempelförmiges Grabmal.
Himation Ueberwurf in Form eines viereckigen Tuchs.

Hippasie Pferdewettrennen.
Holkion Becher mit hohem Fusse?
Holmos rundes Gefäss mit beweglichem Fusse.
Hydria grosses dreihenkliges Wassergefäss.
Hydrophore Wasserträgerin.
Hypotrachelium der untere, zunächst am Halse des Säulenschafts befindliche, Theil eines Kapitells.
Incarnat Fleischfarbe.
Kadiscos Eimerchen.
Kalpis siehe Hydria.
Kantharos Trinkgefäss mit zwei Henkeln.
Kapitell Säulenknauf.
Kelebe Mischgefäss mit Randstützen (colonnette).
Kerykeion Heroldstab.
Kithar Leier.
Kline Sessel.
Kotyle Zweihenkliger Trinkbecher.
Kotyliscos kleine Kotyle.
Krater Mischgefäss.
Kredemnon weibliches Kopftuch.
Kriophoros Widderträger.
Krobylos Haarschopf.
Krotala bakchische Castagnetten.
Kyathis Schöpfgefäss.
Kylix Trinkschale mit Fuss (und Henkeln).
Lampadedromie Fackellauf.
Lekythos kleines Salbfläschchen mit engem Hals.
Lepaste Schale mit Henkeln.
Mäander ein schlangenförmiges Ornament.
Modius Fruchtmaass als Kopfbedeckung einiger Gottheiten.
Nebris Rehfell.
Nimbus Strahlenkranz um das Haupt.
Oinochoe Weinkrug mit dreigeschlitzter Mündung.
Okladias Klappstuhl.
Olpe Oinochoe mit einfacher Mündung.
Opisthosphendone Sphendone des Hinterkopfs.
Oscillum Maske.
Otra schlauchförmiges Gefäss.
Oxybaphon glockenförmige Vase.
Palaestra Ringschule (Gymnasium).
Palaestrit Schüler der Palästra.
Palladium Standbild der Pallas.
Paragnathis Seitenklappe (Backenstück) des Helms.
Patera con maniche Schale mit Henkeln.
Patera senza maniche Schale ohne Henkel.
Pelike Amphora mit breitem Boden.
Peplos Frauenmantel.
Perisphyrien Knöchelspangen.
Petasos Reisehut mit breiter, zuweilen ausgeschnittener Krämpe.

Phiale Schale (Patera).
Plektron Griffel für die Lyra.
Plinthe Platte.
Polos siehe Modius.
Quadriga Viergespann.
Revers Rückseite.
Rhyton Trinkhorn.
Satyrn die ziegenfüssigen Begleiter des Dionysos.
Satyrisk kleiner Satyr.
Scabellum Schemel.
Silenos Satyr.
Skyphos zweihenkliger Becher ohne Fuss.
Sphendone schleuderförmige Kopfbinde der Frauen.
Stamnos Mischgefäss.
Stele Säule.
Stephane Stirnbinde.
Strigilis Schabeisen (palästrisches Badegeräth).
Syrinx Hirtenpfeife mit 7 Röhren.
Tänie Binde.
Thiasos der begleitende Zug des Dionysos.
Tiara Mütze.
Torso Rumpf.
Tutulus spitze etruskische Mütze.
Tympanistria Tambourinschlägerin.
Tympanon Tambourin.
Uaso a tromba V. mit trompetenartigem Halse.
Volute schneckenförmige Windung.